鬼不一定都藏在細節，但學會細節可以避開很多魔鬼 / **學會問個好問題** / 好創意藏在「
，用好問題來解決問題 / 創意不是空想或玄學，是尋找定義並解決正確問題的過程 / 問
解決了一 / 就像思考，偶爾也要逆向 / 從「中午吃什麼」開始
意是框 / 習創意思考的小方法 / **共鳴讓受眾自動走向你**
創造一 / 的射擊，像極了因為恐懼而胡亂開槍的蠢獵人
共鳴， / 創意是溝通的橋梁，有共鳴的創意讓對方自己走
找到受 / 點 / 創意是用你不熟悉的方法，說出你熟悉的事
意產生 / 地鳴 / **接觸人群是唯一目標** / 把社恐放口袋，你
是個愛湊熱鬧的鄉民 / 沒有接觸人群的創意是不負責的 / 用魔法打敗魔法，打敗敵人得
人 / 運用人群學習的五種方案 / 好創意是世界共通語言？我可不這麼認為 / **創意中的風**
的各種地雷、方法和那支避雷針 / 腦內風暴是一種魔法？ / 創意工具大集合 / 沒有最好
最適合的 / 批評是創意中最簡單的工作 / 讓我們把風暴收攏 / **寫出好提案** / 提案提的不
一種情感 / 一起成為地才型的提案手吧！ / 提案時間 142 原則 / 只能偶一為之但超好用
緒結界 / **失敗讓結果更美好** / 慘痛的失敗經驗 / 一條 Code 毀掉了一年 / 活動正式上線
指南 / 印表機的機車故事 / 黑色星期五，我遇過的最大災難 / 與各類演藝角色相處的眉
的工作不是讓作品一次就過，而是讓創意變得更 / **養成創意力** / 個人創意能力的養成
人的廣告去學廣告 / 不要太相信自己的記憶 / 有意識地蒐集生活元素 / 那些忍不住想說
成為創意人需要的五項軟硬實力 / 一起做個溫暖的創意人吧 / 魔鬼不一定都藏在細節，
節可以避開很多魔鬼 / **學會問個好問題** / 好創意藏在「好問題」裡，用好問題來解決問
不是空想或玄學，是尋找定義並解決正確問題的過程 / 問對問題，就解決了一半的問題
總是順風，就像思考，偶爾也要逆向 / 從「中午吃什麼」開始練習，創意是框架中的肆
七個幫助你練習創意思考的小方法 / **共鳴讓受眾自動走向你** / 共鳴，是創造一種原來我
境 / 沒有目標的射擊，像極了因為恐懼而胡亂開槍的蠢獵人 / 想要引起共鳴，先要知道
能打動對方 / 創意是溝通的橋梁，有共鳴的創意讓對方自己走過橋來 / 找到受眾的共通
到創意的共鳴點 / 創意是用你不熟悉的方法，說出你熟悉的事物 / 讓創意產生共鳴的四
讓共鳴成為地鳴 / **接觸人群是唯一目標** / 把社恐放口袋，你不是你，你是個愛湊熱鬧
沒有接觸人群的創意是不負責的 / 用魔法打敗魔法，打敗敵人得先變成敵人 / 運用人群
種方案 / 好創意是世界共通語言？我可不這麼認為 / **創意中的風暴** / 創意的各種地雷、
支避雷針 / 腦內風暴是一種魔法？ / 創意工具大集合 / 沒有最好的，只有最適合的 / 批
中最簡單的工作 / 讓我們把風暴收攏 / **寫出好提案** / 提案提的不是案，是一種情感 / 一
才型的提案手吧！ / 提案時間 142 原則 / 只能偶一為之但超好用的提案情緒結界 / **失敗**
美好 / 慘痛的失敗經驗 / 一條 Code 毀掉了一年 / 活動正式上線前的細物指南 / 印表機
事 / 黑色星期五，我遇過的最大災難 / 與各類演藝角色相處的眉角 / 我們的工作不是讓
就過，而是讓創意變得更 / **養成創意力** / 個人創意能力的養成 / 練習從別人的廣告去學
要太相信自己的記憶 / 有意識地蒐集生活元素 / 那些忍不住想說的叮嚀 / 成為創意人需
軟硬實力 / 一起做個溫暖的創意人吧 / 魔鬼不一定都藏在細節，但學會細節可以避開很
學會問個好問題 / 好創意藏在「好問題」裡，用好問題來解決問題 / 創意不是空想或玄
找定義並解決正確問題的過程 / 問對問題，就解決了一半的問題 / 生活不總是順風，就像
爾也要逆向 / 從「中午吃什麼」開始練習，創意是框架中的肆無忌憚 / 七個幫助你練習
的小方法 / **共鳴讓受眾自動走向你** / 共鳴，是創造一種原來我需要的情境 / 沒有目標的
極了因為恐懼而胡亂開槍的蠢獵人 / 想要引起共鳴，先要知道哪件事最能打動對方 / 創
的橋梁，有共鳴的創意讓對方自己走過橋來 / 找到受眾的共通點，就找到創意的共鳴點
用你不熟悉的方法，說出你熟悉的事物 / 讓創意產生共鳴的四個練習法 / 讓共鳴成為地
人群是唯一目標 / 把社恐放口袋，你不是你，你是個愛湊熱鬧的鄉民 / 沒有接觸人群的
負責的 / 用魔法打敗魔法，打敗敵人得先變成敵人 / 運用人群學習的五種方案 / 好創意
通語言？我可不這麼認為 / **創意中的風暴** / 創意的各種地雷、方法和那支避雷針 / 腦內
種魔法？ / 創意工具大集合 / 沒有最好的，只有最適合的 / 批評是創意中最簡單的工作
把風暴收攏 / **寫出好提案** / 提案提的不是案，是一種情感 / 一起成為地才型的提案手
時間 142 原則 / 只能偶一為之但超好用的提案情緒結界 / **失敗讓結果更美好** / 慘痛的失
一條 Code 毀掉了一年 / 活動正式上線前的細物指南 / 印表機的機車故事 / 黑色星期五
的最大災難 / 與各類演藝角色相處的眉角 / 我們的工作不是讓作品一次就過，而是讓創

養成創意力　個人創意能力的養成　練習從別人的廣告去學廣告　不要太相信自己的記
意識地蒐集生活元素　那些忍不住想說的叮嚀　成為創意人需要的五項軟硬實力　一起
的創意人吧　魔鬼不一定都藏在細節，但學會細節可以避開很多魔鬼　學會問個好問
創意藏在「好問題」裡，用好問題來解決問題　創意不是空想或玄學，是尋找定義並解
題的過程　問對問題，就解決了一半的問題　生活不總是順風，就像思考，偶爾也要
「中午吃什麼」開始練習，創意是框架中的肆無忌憚　七個幫助你練習創意思考的小
鳴讓受眾自動走向你　共鳴，是創造一種原來我需要的情境　沒有目標的射擊，像極
懼而胡亂開槍的蠢獵人　想要引起共鳴，先要知道哪件事最能打動對方　創意是溝通
有共鳴的創意讓對方自己走過橋來　找到受眾的共通點，就找到創意的共鳴點　創意
熟悉的方法，說出你熟悉的事物　讓創意產生共鳴的四個練習法　讓共鳴成為地鳴
是唯一目標　把社恐放口袋，你不是你，你是個愛湊熱鬧的鄉民　沒有接觸人群的創
責的　用魔法打敗魔法，打敗敵人得先變成敵人　運用人群學習的五種方案　好創意
通語言？我可不這麼認為　創意中的風暴　創意的各種地雷、方法和那支避雷針　腦
一種魔法？　創意工具大集合　沒有最好的，只有最適合的　批評是創意中最簡單的
我們把風暴收攏　寫出好提案　提案提的不是案，是一種情感　一起成為地才型的提
提案時間 142 原則　只能偶一為之但超好用的提案情緒結界　失敗讓結果更美好
敗經驗　一條 Code 毀掉了一年　活動正式上線前的細物指南　印表機的機車故事　黑
，我遇過的最大災難　與各類演藝角色相處的眉角　我們的工作不是讓作品一次就過
創意變得更　養成創意力　個人創意能力的養成　練習從別人的廣告去學廣告　不要
己的記憶　有意識地蒐集生活元素　那些忍不住想說的叮嚀　成為創意人需要的五項
一起做個溫暖的創意人吧　魔鬼不一定都藏在細節，但學會細節可以避開很多魔鬼
個好問題　好創意藏在「好問題」裡，用好問題來解決問題　創意不是空想或玄學，
義並解決正確問題的過程　問對問題，就解決了一半的問題　生活不總是順風，就像
爾也要逆向　從「中午吃什麼」開始練習，創意是框架中的肆無忌憚　七個幫助你練
考的小方法　共鳴讓受眾自動走向你　共鳴，是創造一種原來我需要的情境　沒有目
，像極了因為恐懼而胡亂開槍的蠢獵人　想要引起共鳴，先要知道哪件事最能打動對
是溝通的橋梁，有共鳴的創意讓對方自己走過橋來　找到受眾的共通點，就找到創意
創意是用你不熟悉的方法，說出你熟悉的事物　讓創意產生共鳴的四個練習法　讓
地鳴　接觸人群是唯一目標　把社恐放口袋，你不是你，你是個愛湊熱鬧的鄉民　沒
群的創意是不負責的　用魔法打敗魔法，打敗敵人得先變成敵人　運用人群學習的五
好創意是世界共通語言？我可不這麼認為　創意中的風暴　創意的各種地雷、方法和
針　腦內風暴是一種魔法？　創意工具大集合　沒有最好的，只有最適合的　批評是
簡單的工作　讓我們把風暴收攏　寫出好提案　提案提的不是案，是一種情感　一起
型的提案手吧！　提案時間 142 原則　只能偶一為之但超好用的提案情緒結界　失敗
美好　慘痛的失敗經驗　一條 Code 毀掉了一年　活動正式上線前的細物指南　印表機
事　黑色星期五，我遇過的最大災難　與各類演藝角色相處的眉角　我們的工作不是
次就過，而是讓創意變得更　養成創意力　個人創意能力的養成　練習從別人的廣告
不要太相信自己的記憶　有意識地蒐集生活元素　那些忍不住想說的叮嚀　成為創
的五項軟硬實力　一起做個溫暖的創意人吧　魔鬼不一定都藏在細節，但學會細節可
多魔鬼　學會問個好問題　好創意藏在「好問題」裡，用好問題來解決問題　創意不
玄學，是尋找定義並解決正確問題的過程　問對問題，就解決了一半的問題　生活不
，就像思考，偶爾也要逆向　從「中午吃什麼」開始練習，創意是框架中的肆無忌憚
助你練習創意思考的小方法　共鳴讓受眾自動走向你　共鳴，是創造一種原來我需要
沒有目標的射擊，像極了因為恐懼而胡亂開槍的蠢獵人　想要引起共鳴，先要知道哪
打動對方　創意是溝通的橋梁，有共鳴的創意讓對方自己走過橋來　找到受眾的共通點
創意的共鳴點　創意是用你不熟悉的方法，說出你熟悉的事物　讓創意產生共鳴的四
讓共鳴成為地鳴　接觸人群是唯一目標　把社恐放口袋，你不是你，你是個愛湊熱
沒有接觸人群的創意是不負責的　用魔法打敗魔法，打敗敵人得先變成敵人　運用
的五種方案　好創意是世界共通語言？我可不這麼認為　創意中的風暴　創意的各種
法和那支避雷針　腦內風暴是一種魔法？　創意工具大集合　沒有最好的，只有最適
評是創意中最簡單的工作　讓我們把風暴收攏　寫出好提案　提案提的不是案，是一

創意細物指南

行銷時代讓你脫穎而出的關鍵能力

廣告樂血研究院院長
Wawa 吳玉琥／著

引言

魔鬼不一定都藏在細節，但學會細節可以避開很多魔鬼

「創意」是什麼？

才不是古靈精怪般的靈光乍現，也不是隨意拼湊的天馬行空。很多人以為創意是一種天賦稀有的能力，只有少數異類才能觸碰到。但實際上，創意更像一種鍛鍊，一種刻意習得的能力。不單指釋放，更是日常觀察的習慣與有意識地吸收。同時也是一個找對問題，再嘗試解答的過程。

「細物」是什麼？

偉大的道理很好聽，但總是離我們太遙遠。雞湯很好喝，但不知其所云的概論也只能囫圇吞棗，嚥下後再說一聲：「嗯，創意的道理我懂了，但為何還是做不出好創意？」創意的世界裡，成就大事的不是另一個大道理，而是慢慢堆砌而成的「細節」。世上做大事的人很多、能拍板決策的高手也不少，但唯有細節，必須靠經驗與自我學習才能慢慢累積。而細物，則是這些細節延伸出的點線面，更是一切創意的基礎；細物，很細碎、很微小、很迷你，卻也很迷人。**魔鬼不一定會藏在細節裡，但學會這些細節，可以避開很多魔鬼。**

「指南」是什麼？

當我們遇到搞不懂的事情時，它像一本字典；當我們想尋找答案時，它就是解惑的鑰匙；當我們準備上場時，它則是一件稱手的武器。創意的過程就像尋找彩虹，不是每個人都要抬起頭，而是看往同一個方向。指南的作用，就是幫我們在探索創意的路上少走彎路。

如果你跟我一樣，對於細節又愛又怕，那麼這本書會是你最值得攜帶的冒險裝備。我會用各種實際案例不管成功的、失敗的，來說明廣告的累。也會跟你分享各種創意工具和充滿方法的廣告之美。如果你厭倦了抽象的文字遊戲，只想了解真材實料的細節，那麼，請準備跟著我一起進入細節萬歲的大冒險吧！不想聽大道理的細節控們，歡迎加入《創意細物指南》。

CONTENTS

目錄

CONTENTS

C.7 指南 7

養成創意力

C.8 指南 8

在成為創意人之前

指南1

學會問個好問題

1.0

好創意藏在「好問題」裡，用好問題來解決問題

什麼是創意？
為什麼要學創意？
學會有什麼好處？

沒錯，這本書一開始就要把這個創意百年大哉問直接端上桌，不閃也不躲。

嗨我是Wawa，熱愛創意，愛到自己去開了間廣告公司，被折磨了二十四年、以設計新人菜鳥之姿入行傳統4A廣告，八年後想不開，與夥伴一同創立了法樂數位這間公司，並正式成為自己廣告公司的業務。爾後歷經企劃、策略以及台灣各大專院校、百大企業創意內訓的講師。

總之你能想到的廣告職務我幾乎都待過，而且都是以年為單位，這本書的所

有內容，皆為經驗與血淚交織而成，在職場生涯中，經手超過五百個以上的廣告專案，卻依然選擇繼續熱愛。除了本業，也持續經營八個自媒體平台，且希望能夠繼續靠創意這門功夫**活著**，喔不，是要靠創意這門功夫跟大家一起好好**生活著**的男子。

先不論工作是為了活著還是生活著，有餘裕地擇你所選，我想是很多人都嚮往的生活型態。好，聽到這裡請先將嘴巴微微張開，用鏡子照一下裡面有沒有含著金銀湯匙。如果你像我一樣不要說湯匙，連牙籤都不一定有，那麼你現今與往後需要的也許就不是更穩定地活著，而是趁現在充足自己的各項創意實力，讓自己可以更**「自在地生活著。」自在，不是選擇安逸，而是選擇自己願意承擔的路。**

創意是甚麼？創意是一種工具、態度、思考方式、能力、技術、底蘊、習慣……不論你想怎麼稱呼它，當從陌生到熟悉、從熟悉找到樂趣，再從樂趣發現成就感。這條創意修行之路，會讓你養成一個從此無法被人忽視的絕活。

為何我在本書的最前面就要講這麼多創意的好話，不能先熱個身再說嗎？當然是因為我急啊，急著想跟大家說明創意的各種優點和學會創意的好處。但如果這又是市面上另外一本只講理論的書，那麼我應該也沒有力氣提起筆來寫吧！因此本書的內容會摻雜大量**實戰案例**以及**各種細節**與大家分享。各位將在本書親身經歷創意過程的全貌，從前端接收任務、定義問題、尋求解決方案、面對挑戰，直至成果，這些平常很難得知的訊息都將一五一十地呈現在本書中。

誠實面對自己並非全知，別急著找答案，先從問對問題開始

到底什麼是創意？為什麼要學創意？學會了對我有什麼好處？假設你現在的工作是個日復一日的常規化職業，有著制式的工作流程、嚴謹的管理方式，那為什麼還需要創意呢？回答這個問題之前，請讓我先為你按下暫停鍵。**創意並不是針對某種職業，是在生活中的固定框架內，找出最大與最多可能性的一種思維模組。**

就算你正處於一個擁有固定流程的工作單位，但你能保證自己永遠待在那

嗎？當想換個跑道，更上一層樓時，問題往往不是履歷不夠漂亮，而是你在這份工作中有沒有學到能讓你繼續提升的能力。可是能力若沒有對應的績效或數字作為後盾，將很難被量化。更遑論要讓不認識你的面試官一眼看出你的實力。這時，創意就像一把平時藏在手中的暗器，默默不顯，但當需要時，它會以迅雷不及掩耳之勢發揮作用。創意一定要應用在某個廣告或行銷專案上嗎？當然不是。**說服別人、與人交談、開發新客源、增強提案能力、發想新方案、優化既定流程、充實自身思考厚度**，這些都是創意能帶來的價值。

本書要分享的不是廣告這份職業，工作三百六十行，行行都有狀元。我想做的，是藉由「廣告這個渠道」分享在創意路上可以學到什麼。翻開本書之前，你可能認為創意和你沒什麼關係，或覺得自己就是沒那個天分。在忙碌的現代社會，看一本書平均需要花費一到兩個月甚至更久時間。但請相信我，這一兩個月，將會是對你未來人生最有幫助的一段時間。

好的問題，必定包含了一定程度的答案

什麼才是好問題呢？讓我們先來探討創意的本質。創意並不是一群人在會議室裡毫無目標地發想，它的起點是先定義出一個「正確且有意義的問題」。確定問題後，整個尋找答案的過程，例如上網搜尋資料、閱讀相關書籍、諮詢有經驗的人、查找過往作品等這些步驟的整合，就是所謂的創意發想。因此創意並非像許多人想像的那樣，只是在會議室裡空談，而是有系統、有目的地探索問題並尋求解決方案。創意並非屬於少數有天賦的人，只要你會蒐集資料、曾經使用過相關產品、對事物能闡述自己的觀點、在生活中有過相關經歷，透過適當的引導和練習，你也能成為一個善於發想創意的人。現在，搓一搓手指，製造些摩擦力，繼續翻開本書，讓我們一起探索創意的真面目吧！

1.1

創意不是空想或玄學，是尋找定義並解決正確問題的過程

人人都喜歡好創意，好創意可以刺激思考，讓複雜的事情變得簡單易懂，或讓簡單的事情變得有深度跟層次。創意在生活中也無所不在，小從構思每天上班要穿什麼，大到設計飛上宇宙登陸月球的太空船，所有美好事物的背後，都需要一個甚至一堆好創意去支撐，也正是因為好創意能為生活各種面向帶來極其豐富美妙的事物，所以創意發想被大多數人視為一種信仰，甚至有時會被曲解為一門玄學，而能夠想出好創意的人，則會被稱為「大師」或是「天才」。

在某些靠腦力討生活的地方，也會有些所謂的「創意大師」在開班授課或接受媒體雜誌訪問時喜歡故弄玄虛，講一些似是而非的奇怪道理，或是把創意發想的過程說得很像一場心靈啟發之旅，需要在禪風裝潢的思考室裡閉目盤坐，點著奇妙的精油蠟燭、沐浴淨身，靜心等待那道靈感的光柱衝破天靈蓋。

這種狀態有幾種可能，第一是只要將這個專業知識營造成一種玄學，那麼你就不得不跟他買。另一種可能，則是連他自己也無法確定要如何系統化平面化呈現知識，只好用一種只有我會的方式傳遞，以拉抬自己的身價。

縱使創意成品極度撼動人心，過程也應極其理性

不是一定要天賦異稟或是被雷打到才會有好創意，所謂的創意專家們之所以要營造出神祕學的氛圍，非常有可能只是因為不願意分享，或者根本說不出個所以然，只好將原本可以很生活化、很邏輯化的創意發想方法和技巧，用一種神祕玄學的方式去包裝，營造出能想到好創意是因為我夠天才，你們這些不夠聰慧的凡夫俗子也不用苦惱，付錢給我來幫你想辦法就對了！這肯定是錯誤的，因為人人都有想出好創意的本事，只是有沒有人引導你去打開腦袋裡那塊塵封已久、負責創意思考的區塊而已。

揭開創意的神祕面紗後，請跟著本書的思路走，在分享創意實戰方法之前，

我們先來聊聊到底「好創意」是怎麼產生的？背後的運作邏輯又是甚麼？讓我們先想像一個職場中常發生的現實狀況。某一天，你的主管或是客戶捎來訊息，希望你能提供一個想法，以便解決目前遇到的問題。這個狀況應該不難遇見對吧？接收任務後的你，採取的步驟往往也是翻開筆記本或是打開相關網站，一頁頁搜尋資料，希望在字裡行間找到應急之策，期許找到所謂的創意。

在迫不及待想出驚天動地的好創意之前，請先靜下來想想，所謂的「好創意」到底是什麼？很多人可能認為好的創意就是一個漂亮的答案，如果你也這樣想，那想出來的創意一定不會好，不要覺得我在潑冷水，這是事實，但為什麼我敢這麼篤定呢？因為你根本連**問題在哪裡都還不知道就急著想找答案**，當然會如盲人過河般心力交瘁。

連問題方向都沒有搞清楚就先埋頭想創意，乍聽之下好像很努力，但是費盡心力想出來的答案不管再怎麼漂亮，都絕對不會是個好創意。舉例來說，如果有人跟你說，他希望用五十元吃飽，你只聽到「吃飽」就開始想創意，自作主張準備了牛排龍蝦這些很棒很美味的大餐，擺出滿桌好菜的確既華麗又能吃飽，但卻沒有切中問題，因為他的前提是預算只能有五十元啊。

這當然是個很粗淺的例子，但也是我在前半段想簡單說明所謂好創意的第一要務。得先**正確地「定義和尋找問題」**，條列出需要解決的問題，定義首要、次要等需要解決的部分，再根據定義好的問題，逐步搜尋適合的答案來解決。這個過程才是產生好創意的正確流程，不是等待有如神蹟的靈光乍現，更不是把一群人叫到會議室坐著說：「我們現在要開始創意發想。」這種沒有目的就把一堆人集中到會議室的行為不能叫做「集體發想」，只能叫做「集體發呆」。**沒有先定義問題的討論，只是在會議室消耗彼此的空氣以及等待吃飯時間的到來**。

很多人會說「找創意」是非常重要的，但這個邏輯從根本上就令人誤解。我希望你去找一杯水或是一輛紅色的跑車，對你來說當然很簡單，不就是去找到它們嗎？對，沒有錯，就是這裡的邏輯出現了錯誤。你之所以認為找到一杯水或是紅色的車很簡單，是因為你「**知道**」水和紅色的跑車是什麼。用這個思路往回推就會發現「找創意」的邏輯之所以錯誤，是因為這個要求本身隱含著你已經知道甚麼是創意，你要做的只是找出它。但問題就是我們根本還不知道這道題的解法，更遑論知道創意是甚麼。在無法辨識創意之前，又何來「找到」一說呢？

Wawa 創意手札 01

缺點只是放錯地方的優點，逆向思考也能很正向。創意發想並不是找到創意，而是先定義正確的問題，這個環繞著問題並試著用各種方法去搜尋和解決答案的過程就叫做創意發想。縱使產出物極其令人感動，但過程也必須要是理性以及有足夠的數據支撐，如此產出的結果才能從根本上說服你的消費者和受眾。

1.2 問對問題，就解決了一半的問題

剛剛用理論的方式跟大家走了一次創意發想的根本，並非如大家所想的只是在尋找某種已經存在的神諭式解答，而是先定義出正確的問題。這才是創意發想的第一步。創意發想的流程，單看文字敘述可能令人費解，接下來讓我們用一個真實的案例，說明定義問題的進階版本可以怎麼做吧！

嘗試在問題中找出問題

A牌是間國際知名的汽車品牌，想為旗下一輛準備引進台灣的車款做廣告，找法樂數位去比稿，如果我們沒有先定義好問題，只是收到比稿邀約就傻呼呼地過去，不停吹噓我要如何行銷這輛車，我的創意賣點是什麼，我會花多少錢

找哪位大明星代言……說得再多，也很難從一片競爭者中脫穎而出。嘴在人身上，我能說的，別人當然也能說。所以在接收任務之後，我先把夥伴聚集起來，仔細定義這次 A 牌的新車引進台灣，可能會需要面對的問題是什麼？因為我們不只想要贏一時、更要用正確的創意贏得更多信任，幫未來鋪路。

先講結論，這次的比稿我們在一陣廝殺後順利拿到手，而當時的競爭者其一就是原本服務這個客戶的龐大廣告集團。既然競爭者原本就是服務這個客戶的廣告公司，理所當然他們必定擁有絕對的資訊和經驗優勢。那麼，我們是怎麼藉由「問出好的問題」釐清並贏得這場勝利的呢？

首先，這個車款雖然對 A 牌來說是首度引進台灣，但是競爭對手 B 牌在台灣早就有類似的車款，並且培養了一批死忠的愛用者，所以對台灣消費者而言，這不是一輛前所未見的陌生車款。對 A 牌來說，要溝通的也不單只是說自家的車有多好，還要挖出 B 牌沒用過的創意切角，建立跟 B 牌不一樣的市場形象，才更有機會說服消費者選擇他們。先理解了這個背景之後，首先遇到的第一道問題就出現了：「**如何理解 B 牌愛好者的內心世界？**」

街上有問題，問里長就對了

廣告的資料搜尋方法有很多，最直接的比方說官方網站的資訊頁、論壇的討論頁、討論熱度的網路各式工具等都能找到對應的內容。但是除了透過在網路上能找到的車款資訊外，還能如何得知Ｂ牌究竟跟車主說過什麼最打中他們？更精確地說，車主為什麼會這麼喜愛Ｂ牌呢？

各位還記得我在這一小節最前面的說明嗎？這不是一個直接進行的廣告專案，而是一場比稿，而比稿在某種程度上是一種異常嚴酷的比賽型式，不像一般競賽會有前幾名甚至佳作和入圍。這種比賽只會有第一名，且除了第一名之外的所有人，甚至不會得到任何獎勵，頂多就是吸收到一些經驗，剩下能做的就僅是摸摸鼻子乖乖回家。

在這場沒有第二名的戰鬥中，我們採取了一個大膽的作法。

解鈴還須繫鈴人，最懂Ｂ牌車款的人，當然莫過於Ｂ牌的車主。於是我們設置了兩個計畫。第一個計畫：我們邀請了一位對這種車款很有研究的資深Ｂ

牌車主，一起加入我們的創意討論，我指的加入，不單只是前期的市場調查喔，是真的想方設法地找到了一個「擁有 B 牌車款的廣告人」一起加入創意討論。從零開始就讓這位資深 B 牌車主廣告人為我們的創意添磚加瓦。

除了讓同仁有專業對象可以訪談，深刻挖掘 B 牌車主當初為什麼會選擇這款車，也能知道對車主而言，實際擁有這款車跟還沒買之前有什麼樣的想像落差？對車子最在意的點是什麼？最喜歡跟最討厭的部分是什麼……等等的關鍵資訊。這些關鍵資訊在這整場計畫中極其珍貴，因為這樣的創意發想過程，不僅是我們的臆測與想像，更是一個活生生的競品廣告人站在身旁，讓我們可以恣意從他身上挖掘出不為人知的深層意義。

除了這些關於 B 牌車款的珍貴情報，找 B 牌車主來還有另外一個重要目的，就是可以測試我們想出來的創意是不是真的能吸引他們，畢竟我們要面對的客群就是這些人，當然就是要想到能真正打動他們的創意。而我們也確實透過訪談 B 牌車主的過程，精準定義了選擇這款車型時最重要的問題點，同時也是其他潛在車主最在意的點：「**好玩＋英雄感**。」這是一款能夠上山下海的車，潛在車主們想解決的問題，就是擁有一輛能開著去冒險的愛車，所以我們主要的創意點就鎖定在創造一個愛玩的英雄氛圍，讓潛在車主願意買單。這是我們的第一個計畫，先釐清問題，並透過適當的管道找出問題中的問題。我們的管道是找一個真實的競品車主並讓他從頭跟到尾，讓問題跟答案直接被綁定在一塊兒。

富貴險中求，比稿出大招

接下來就是我們的第二個計畫，但同時也是個險招。提案當天，我們直接邀請B牌車主跟我們一同前往。由實際擁有競爭對手車款的車主親口告訴客戶，會喜歡這種車款的人，真正的想法和在意的點是什麼。在比稿的現場，我們讓B牌車主一出場就是一頓亂噴，說A牌車的劣勢在哪裡？為什麼他要選B牌？A牌哪裡不好？B牌哪裡好棒？說得在座的A牌主管們個個臉色鐵青。到這邊你可能會想：「天啊，專程帶人去砸場？」這算哪門子好方法，沒把你們轟出去就算不錯了。耐心點，且聽我說完，第二個計畫才正要開始啟動。

等B牌車主徹底嫌棄完A牌，彷彿戴著邪惡微笑的面具功成身退，才是我們真正上場發揮的時刻。剛才那位車主不是講了一堆 B 牌的好處以及 A 牌的劣勢嗎？在客戶們驚魂未定之時，我們立即針對 B 牌車主剛才提出的各項 A 牌缺點去做說明，列舉 A 牌應該要怎麼跟消費者溝通這些痛點，如何用創意包裝消費者普遍認為 A 牌不如 B 牌的地方等等，這些才是 A 牌車款要引入台灣時真正應該面對的問題，同時也是 A 牌主管們必須思考的解決方案。

因此對 A 牌而言，我們不但為他們精準定義了問題點，還針對各項問題點提供了適切的解決方案。當第二個計畫漸漸成形，也才看到客戶們從驚嚇中緩過神，如果我沒看錯的話，最後應該還帶著些許微笑吧。最後我們順利拿到了這個案子，並且完成了一組包含各式操作手法且大獲成功的廣告專案，幫助 A 牌的新車款在台灣順利著陸。

好問題的創意解法？大膽打破對方的既有認知吧

從上面這個例子你發現重點了嗎？沒錯，就是「定義問題」的重要性。如果沒有預先釐清問題，根本不可能找到A牌車款真正的問題點在哪，更遑論要贏得勝利了。透過A牌和B牌的例子，我想強調的是，創造「好創意」的首要條件是把時間和心力先用在定義問題，避免走錯方向，忙了半天卻徒勞無功。在確認方向沒有錯的基礎上，才有可能思考如何漂亮地解決問題，當然也包含了是否要帶人先去砸場。如果想出來的創意沒有發揮在正確解決問題上，那麼再怎麼華麗熱鬧的內容，也都只是耍花槍，沒有任何實質用途。各位從這次的實戰中感受到了嗎？**在廣告業，「問題本身」通常就已經包含著創意了**。

Wawa 創意手札 02

比稿是一場沒有第二名的戰爭，兵走險招並非每一次都適用。但如果你要用的方法是慣用手法的話也請小心，對於客戶以及市場與消費者來說，可能因為接觸過太多次而失去新鮮感，最後失敗的原因可能不是你的能力，而是對方想看看不一樣的東西。

1.3
生活不總是順風，就像思考，偶爾也要逆向

我們找Ｂ牌車主去Ａ牌幫忙提案的這個做法，有些人會說這叫「逆向思考」，要在這麼嚴肅的比稿場合下這麼重的手，就算是我也不敢太常做。但我總覺得逆向思考這個詞似乎有點被濫用了，好像只要提出一個大家不熟悉的方法，不論是好是壞都可以被稱為「逆向思考」，搞得大家把「逆向思考」跟「出歪招」劃上等號。所以這邊也想跟大家分享一下我對逆向思考的看法，同樣也先舉個實際的廣告案例來協助說明。

答案往往藏在最意想不到的地方

有個廣告案的甲方想要找代言人，甲方鎖定的客群主要是三十歲到五十歲的

男性，經過內部討論後，我們決定找一位九〇年代香港電影的知名男神 L 來台拍攝，目的當然是為了喚醒這些目標客群年紀的男生共同的回憶和對九〇年代港片的熱情。廣告拍攝過程中，我們為了更貼近還原當年台灣人看港片的風味，還特別找了一位專業的配音員來幫 L 男神配音，請他模仿 L 男神在經典電影中，配音的聲調和念出那句經典台詞。最後廣告拍出來的效果很好，再加上 L 男神本身在台灣具有的高知名度，一播出就相當受到歡迎，不過有人喜歡自然就有人討厭，影片下面還是免不了出現鄉民的留言批評，算是遇到了一個小小的公關危機。

這邊不得不再分享一個觀點，廣告創意這個工作，很多時候答案其實就藏在我們最意想不到的地方。以等等我要提的案例來說，這個藥方的引子並非原本就在我們的計畫中。透過鄉民的留言發現，批評最多的大多是針對配音不是「本人」這件事，吵著說換人配音後，當年的味道就不對了。但這樣的批評給了我們一個有如天降的靈感。

深入調查後發現，原來當年幫 L 男神配音的，居然是台灣的知名演員 C，雖經過一番小曲折，我們依然聯繫上演員 C 並邀請他來重新配音，並且設置了一個橋段，就是全程拍攝他從家裡出發到完成配音的過程，其中巧妙置入商品，這樣不但成功化解危機，更藉此順勢再做一波成功的行銷，效果甚至不亞於我們原本製作的 L 男神廣告。

從上面這個例子延伸，就會是我認為所謂「逆向思考」的一種表現，一般來說，我們都是從「彰顯優點」或是「消弭缺點」來思考，面對缺點總會認為這是家醜，或是身上一顆討人厭的痣，要想盡辦法把它隱藏起來，越少人看到越好。但是如果發生問題的時候，只用順向思考直球對決，那麼當影片被鄉民批評配音味道不對時，整個事前的付出幾乎等於付諸東水，置之不理甚至有可能造成更大的危機。這時候逆向思考就派上用場了，**不要只想著怎麼彌補缺點，而是思考如何利用這個缺點，甚至把缺點變成優點，就像把身上討人厭的痣，變成一個讓別人更容易記住你的特色**，透過誠實面對已經發生並無法改變的事實，讓缺點不再是負面的代表。這樣一來不但解決了缺點為你帶來的困擾，更幫自己搭建了一個可能通往好創意的橋梁，豈不一舉數得。

緩步開始創意練習不要緊，雖慢，卻必達

逆向的創意思考可以被練習嗎？當然可以，許多研究顯示，大腦對於想法的控制，就有如刻意鍛鍊的身體肌群一樣，經過有意識的鍛鍊，可以讓反應日益敏捷，同時也建議大家可以**把逆向思考當成創意發想的小練習**，在日常生活中不妨主動培養逆向思考的習慣。以工作來說，接收了新任務當然可以視為一種麻煩，但也可以想成是讓自己成長的機會。大熱天走進便利商店想要買平常最習慣買的飲品解渴，但就是搶手得要命遍尋不著，此時可以把重點從「沒買到真可惜」轉變為「剛好換個新品牌試試」的想法。藉此培養用不同角度思考的習慣，長久練習下來，當真正需要發揮創意，就不會陷入順向思考的窠臼，更有機會提出驚豔四座並讓人耳目一新的好創意。

Wawa 創意手札 03

迷路不一定全然是壞事，因為代表你正進入一個相對不熟悉的領域，而突破也往往隱身於其中。逆向思考絕對不是一件輕鬆的事情，光用想的就知道，水勢明明順著向東流，你卻偏偏要往西邊游，只能費勁使力地划著。此時請試著將注意力放在其他更值得被關注的地方，像是沿途的景緻、被鍛鍊的身體、逐漸堅強的心智，每一項都將會是未來的你無可比擬的個人能力與特質。畢竟生活不總是順風，就像思考，偶爾也要逆向。

1.4 從「中午吃什麼」開始練習，創意是框架中的肆無忌憚

分享完如何找到問題，接下來要開始邁向解決問題。這個世界上有三大難題，困擾著全球數十億的人們，古往今來都沒有人能夠完美解決。它們分別是：一，宇宙的邊境究竟有什麼？二，到底有沒有輪迴轉世跟來生？以及三，中午吃什麼？前兩個問題就交給天文學跟宗教家、哲學家去煩惱。那麼今天，就讓我們試著運用創意思考的方式，至少三選一，分析一下「中午吃什麼」的千古難題吧！

前面說過，想解決問題得先定義問題，到底為什麼「中午吃什麼」會變成一個這麼困難的大哉問呢？我們先從觀察現狀開始。相信你身邊一定也有這樣的同學或同事，平常遇到要他幫忙討論重大決策的時候總是默不吭聲，在會議中不斷想辦法刷低自己的存在感，把頭低到都快鑽進桌子底下了。但如果說到吃午餐或

週末要去哪裡玩，他馬上大主管上身，積極發表高見，這個不要那個不好的，搞得討論很沒有效率，甚至可能弄到午休都快結束了，還沒有決定到底要吃什麼。

其實這中間有一個非常有趣的理論，叫做「帕金森瑣碎定律」。簡單來說，就是在討論事情上所花費的時間，往往跟議題的重要性成反比。也就是說，**當人們在面對重大決策時，常常很快就有結論，但是在討論無關緊要的生活瑣事時，卻很容易浪費大量時間，甚至陷入僵局。**

相信剛剛的實境秀你應該不陌生，點頭如搗蒜的同時也覺得確實如此，但卻不知道為什麼對嗎？原因其實很簡單，當我們在面對困難決策的時候，參與討論者不一定每個人都有足夠的相關知識或已充分理解各個面向，害怕貿然開口就會露出馬腳，顯得自己既無知又沒做功課，所以這種時候為了避免丟臉，就會傾向不發言，讓其他人做決定，開口討論的人變少了，當然決策的速度就快了。（這個過程其實也可以稱為是一種反例子的逆向思考）

但是當問題是中午要吃什麼，或是週末要去哪玩這類瑣碎的問題時，人人都有相關經驗，所以就各個有意見、處處有見解。七嘴八舌下來，只會讓討論越來越發散，離結論也就越來越遙遠。這也就是為什麼「中午吃什麼」這樣簡單的事情，會演變成一個困擾莘莘學子和云云眾生的宇宙級難題。接下來就讓我們挽起袖子，試著運用創意思考的小方法練習解決「中午吃什麼」這個困擾廣大族群，不知道讓多少上班族傷透腦筋的難題吧！

Wawa 創意手札 04

不論你對於討論的議題熟悉與否，請試著在這些大大小小的場合中把握每次可以練習發言的機會。當然你可以繼續選擇緘默不語，但最可惜的不會是你開口說話並且說錯話，而是你連說錯話的機會都沒有。

1.5 七個幫助你練習創意思考的小方法

首先，我們要找到真正的問題點，也就是前面一再提到的「先定義問題」，吃飯這麼簡單的事情我們一出生就會了，為什麼會變成一個難題呢？因為巷口的水餃吃膩了嘛！因為那間炸雞要等半小時嘛！因為人家今天不想吃韓式料理嘛。一切的一切都源於「不想吃」某樣特定的東西，所以「中午吃什麼」這個問題的真正難點不在於「吃」而在於「什麼」。

找到問題點後又該怎麼解決呢？每到中午，當有人開口問：「欸，午餐要吃什麼？」這時候你腦中可能會開始浮現很多選項，常見的比如水餃、炒飯、自助餐、便當……比較細心的人可能還會再加進其他需要注意的元素，比如餐點的價位、店面交通、是否可以內用、等待時間等資訊一併納入考慮。但是這些都是屬於發散性思考，只是在亂槍打鳥而已，並不會幫助我們更快找出到底要吃什麼。

一沙一世界，讓我們由小觀大吧。

我整理了以下七個構思創意的方法，讓你在思考「中午吃什麼？」能更有方向。

一、故事表達法：針對有感觸的人事物，賦予意義並交叉找出故事

午休時間到了，當大家都因為不知道要吃什麼而陷入苦惱。此時你可以提議：「巷口那間水餃店都開到超晚，老闆感覺很辛苦，不然我們去捧場一下好了。」如此一來就把單純的「吃水餃」，變成一個「填飽肚子的同時也幫助到老闆」的故事，讓你提的點子增加了更多意義和說服力。

二、心智圖表法：聯結創意的各端點，直至拼湊出一個引人注意的概念

從午餐選擇的另一面思考，或從最源頭開始分析，發現月底將至，大家手頭應該都有點緊，加上最近工作頻繁、火氣甚旺，連身體都不太好，「不然今天改吃素食，當作養身。」透過整合各項資訊，你順利地將「工作頻繁身體差」與「吃素食」連成一線，成了符合各項元素的最佳解法。

三、資訊轉換法：藉由提供某種情緒、感受等心理層面，找尋可以轉換的目標

奶茶不是奶茶，是我們面對苦澀的一天的救贖。這個論調不陌生吧，讓我們換成午餐試試看。今天要一起午餐的同伴中，有位小美最近因為日常瑣事心情

不是很美。你可以提議「化悲憤為熱量，不如我們就去吃炸雞，把壓力都給啃掉吧」，如此一來就為「吃炸雞」這個行為多賦予了一層心靈救贖的意義，遠遠超過只是填飽肚子的選擇而已。

四、關鍵字發想法：以關鍵字為主，針對不同情境將不同的關鍵字組合起來

與故事表達法相似但本質不同，不需要賦予故事，透過各項關鍵字去找出吃什麼的理由，像是「天氣好冷」、「想吃肉」、「便當吃膩了」、「吃有飲料的」等關鍵字，引導大家拼湊出「吃個人小火鍋」的這個選項，當然會比起劈頭就提出「我想吃小火鍋」更顯得理由充分許多，聽的人也更容易接受。

五、視覺聯想法：運用既定印象將目的深植人心

用一張實際照片幫助聯想，比如在炎熱的夏天用腳輕踏溪水的一張圖片來暗示出遊可得到清涼的效果。就像今天有點想吃韓式料理，但不必直接明說，首先不經意地秀出你表姐上禮拜去韓國玩的照片，在大家羨慕不已並開始想像韓國風情的同時，提出「不然我們今天吃韓式好了」，這種先透過圖片讓意象植入眾人腦中，再提出「吃韓式」的妙招，自然能夠得到許多贊同的聲音，而且極有可能並不是由你口中說出的。操弄人心嗎？當然不是，只是小小的暗示罷了。

六、無差別聯想法：任意丟出關鍵字組，排列組合找出其中的關聯

跟前面的關鍵字發想法有點不同，而且這個方法也可以訓練發想的廣度與速

度。流程中可以無差別地提出諸如「要好吃」、「要夠快」、「要實惠」、「能吃飽」等關鍵字，藉由不斷扔出的字組，排列互調之後得到「吃速食」這個選擇，因為你已經丟出許多關鍵字，所以聯想後它就會是一個最大共識，也是快速解決問題的一個手段。

七、借代重構法：用熟悉的事物替代原有概念

比如用厚薄適中的棉被形容一件外套，讓人快速聯想到它是保暖又舒服的。你覺得有間炒飯很好吃，但要怎麼說服朋友們去呢？光是說「炒得很香」、「粒粒分明」這類形容恐怕沒什麼幫助，但如果你說「這間聽說是炒飯界的精品」、「誰誰誰來台灣會特地去吃」、「網路評分不低」等非親身體驗的經驗重構，大家雖然沒吃過，但一聽就知道很很厲害，也激起了想嘗試的欲望。

你可能會好奇，只是為了解決「午餐吃什麼」，就洋洋灑灑列了七個方法，

是不是有點太費工了？但我相信看到這邊的讀者，已經嗅出我舉出這些例子的真正意圖，才不是真的想討論如何填飽肚子。我是在**利用「午餐吃什麼」這樣一個每天都要面對，而且極其生活化的小問題作為前導，引領你在不知不覺中，學會七種幫助創意發想的小技巧。**

事實上這七個技巧可不是只局限於選擇午餐，同樣的框架，你也可以套用在各種面向：「怎麼樣有創意地介紹一部好電影給朋友？」「如何有創意地說服爸媽我要搬出去住？」「該怎麼跟另一半解釋為什麼今天約會遲到？」這些生活中的大小面向，都是你練習創意發想的好時機。

當你把找尋問題跟創意思考融入自己的生活，習慣成自然，真正需要你發揮創意的時候，就不用擔心靈感會不會碰巧不上門，或是今天沒有被雷打到腦袋瓜了。就像我在章節一開始就不斷強調的，創意並不是一門玄學，而是正確找到並定義問題。透過日常生活的觀察與練習，有意識地把思考的過程不斷重複使用，這就是一個實實在在的創意發想生活練習了。

所以，回到重點，今天中午你想吃甚麼呢？

Wawa 創意手札 05

不論是哪一種創意思考工具，都沒有絕對的先後順序或使用頻率的高低建議。並非哪種創意適合哪種工具，重要的是你的個人習慣與特質能將哪種工具發揮得更淋漓盡致。這個章節提到的工具在初次使用可能會有一點不順手，但請相信我，經過有意識的練習，你的創意思考強度與速度，都會隨著練習次數的增加而提高。

共鳴
讓受眾自動走向你

2.0

共鳴，是創造一種原來我需要的情境

許多人都明白在廣告行銷的流程中，必須與消費者之間產生共鳴的這個道理，在我們用「共鳴」為題延伸章節之前，我想先跟大家聊聊到底「什麼是共鳴？」共鳴的原始概念來自於物理學，指的是物體間產生的聲波震盪現象。這是科學領域指的共鳴。同時這個概念也時常出現在經濟、教育、音樂等範疇中。

將此概念應用於廣告行銷，共鳴便成為了一種與消費者之間的「溝通渠道」。**廣告中的共鳴，指的是兩個原本不相關的事物，透過某種概念、方法、手段、場域或策略而建立起的關係。**舉個例子，一輛摩托車與一個人，除非你現在立刻就需要這輛摩托車載你到某個地方，否則這兩者之間是沒有什麼直接關聯的。但如果我們換個說法，在溝通中加入了這樣的訴求：「有了這輛摩托車，讓你實現年輕時恣意快感的夢想。」原本只是兩個沒有關聯的物體，摩托車和人，加入了夢想情緒的元素，瞬間就讓人與摩托車之間產生了互為依存的關係。這種手法被廣泛應用在行銷，便於讓商品與消費者之間產生共鳴。

那麼問題來了。商品的發明，本質上都是為了方便人類使用。有人說所有科技都是人體一部分的延伸：「汽車是腳的延伸、電視是眼睛的延伸、工具是手的延伸。」一切事物都旨在延伸強化我們的感官。若為了達到這個目的，市面上又只有單一的商品，那麼購買它彷彿就是天經地義，因為你也沒有其他選項。

但現實情況是什麼？目前商品市場的成熟已臻一定境界，同樣的功能存在眾多相似的產品。以牙刷為例，品牌就可能多達三十種以上。那麼，哪個品牌的牙刷才能真正與消費者產生聯結？這正是必須找到與消費者之間共鳴點的原因。因此也可以這麼說，創意的流程正是尋找我們與產品之間關聯度的過程。

共鳴不是比賽誰的創意最強，而是誰的共鳴最靠近對的消費者

之前某次提案，我們討論了一個專為青少年設計的教育型產品。這裡有一個

值得深思的邏輯：「如果商品目標群體是青少年，而他們本身並沒有足夠的購買力，那麼實際上你要打動的對象就不應該是青少年本身，而是那些真正掌握經濟能力的人。」再比如說，如果你推廣的是兒童營養品或補教機構，那麼你的溝通關鍵就不是學生而應該是他們的家長。

共鳴像一座燈塔，指引我們正確的方向，增強共振效率以減少不必要的成本耗費。值得注意的是，共鳴不僅僅是一種情緒上的震動，它也包含了理性的需求。**讓人從自覺不需要，透過溝通，發現自己其實需要這個產品或服務。**之所以在第二章就要把共鳴講得這麼清楚，是因為共鳴幾乎就是廣告的細節與成功的關鍵，它像是一條理性與感性共同創建的橋梁，將品牌與消費者緊密連結。不只是廣告中的一句口號或一張圖片，而是一種深入人心的感受。是消費者在看到廣告時，那一瞬間的心靈共振。

想像一下，當消費者在一個喧囂的環境中突然看到一則廣告，那廣告不只是推銷產品，而是打動了他們內心深處的情感。讓消費者覺得「這就是我需要的」、「這正是我一直在尋找的」、「啊，原來我需要它」。這種感覺會比任何理性的分析都更為強烈也更具說服力，占據消費者心中獨特的位置。**當我們能夠**

觸動消費者的內心，以在某個特定時刻產生共鳴，那麼這個品牌便不再只是一個名字或標誌，將成為消費者生活的一部分。只有這樣，廣告才能超越表面的傳播，最終促成品牌與消費者之間的深層連結。

2.1

沒有目標的射擊，像極了因為恐懼而胡亂開槍的蠢獵人

什麼是目標設定？若僅是將把東西賣出去設為目標，那麼你只會得到無用而廉價的答案。讓我們繼續做個思想實驗：你家隔壁有間咖啡店的咖啡賣得不太好，老闆決定召開所有工作夥伴一起討論，並給了一個明確的指令：「讓咖啡賣得更好。」這個指令看似合理，但實際上，它正是我們做廣告最常見的誤區之一。**僅僅把目標設定為「賣產品」**。

並不是不應該賣東西，畢竟廣告就是一個商業行為，而是要強調**不能忽略「為何會賣不好」的原因**。是咖啡太貴？品項太單一？地點太偏僻？空間不夠寬敞？製作速度太慢？或是任何可能造成這個結果的原因。唯有解開這個鎖，才能像推骨牌般地解開一道道難題，達到「賣咖啡」的目標。否則只會得到一個蒼白的答案，叫做「降價」。

把產品賣出去，這是看似合理卻讓你陷入誤區的指令

熟悉商業行為的人都知道，價格是一個萬不得已，不要隨意觸碰的禁忌之地。降價，往往是因應特殊任務的需求或最後的選擇，不是解決問題的根本方法。**我們必須了解並解決真正影響銷售的因素，才能達到提高銷售的目標。**而不是依賴價格戰吸引消費者。商業行為的唯一目標就是銷售，影響因素包含銷售概念、品牌、產品、思想、印象或觀念。但不能像第一次拿到槍的蠢獵人，看到會動的東西就胡亂射擊，不但帶不走任何獵物，搞不好唯一中槍的還會是你自己。

「把產品賣出去。」這個看似合理卻讓你陷入誤區的指令，看完上段的例子是不是有點恍然大悟了呢？職涯中，收到「把產品賣好」的指令有幾次？如果下次你的長官或是客戶再次下達這個蠢指令，喔不，不能教壞大家，如果下次再遇到這個指令，請將此章節給對方看。我們可不是什麼蠢獵人，扣下板機產生巨響的原因並不是要帶走獵物，而是為了產生共鳴。

共鳴也是共情。我懂你。就是這簡單的三個字。

2.2 想要引起共鳴，先要知道哪件事最能打動對方

相信每個人都有過這樣的經驗，電影的某個畫面出現，便讓你想起生命中曾經歷過的一趟難忘旅程；又或是一首旋律的前奏響起，讓你瞬間勾起心中那段又酸又甜的夏日戀情回憶。這些對照生命經驗的情節或片段，會讓我們不自覺地更投入電影或歌曲設定的情境中，進而不受控地露出微笑或眼眶泛紅。雖然我們是兩個不同的人，卻可以藉由這些共同經驗而有了某種程度的連結。

如果套用到創意發想，就算是一個很直接明瞭又簡單的創意，只要成功引起受眾共鳴，它能達到的效果就會遠比很多華麗炫技、高深莫測，甚至讓人摸不著頭腦的創意好上數倍。畢竟，還有什麼會比讓當事人自己說服自己更有力的呢？你或許曾聽到一些似是而非的道理說：「不應該為了觀眾創作。在發想創意之前就去考慮受眾根本是畫地自限」之類的言論，並振振有詞地告訴你，創意本身夠

好、夠強、夠有趣，就應當放諸四海皆準，跟樂高積木一樣，〇到九十九歲都適用才對。

我只能微笑不失禮貌地說：「對，但也不對。」

要構思一則有明確目標的創意時，切記，一定要先搞清楚目標是什麼

如果我們是做抒發自身感受的藝術創作，比如一幅畫或一首曲子，那我舉雙手雙腳贊同你的觀點，千萬不要為了考量觀眾而限制了創作空間。但如果今天討論的是有目的的構思創意，那我的雙手雙腳就要立刻放下來了，因為**一旦有了明確的目標，那麼這個「創意」的重點就不再只關乎個人，而是必須想辦法服務「目標」，使之達成。**如果本末倒置變成先想創意，然後才要目標來配合，就像送雙鞋給朋友當生日禮物，卻問都不問就隨便買一種尺寸，再責怪朋友的腳太大或太小一樣荒謬可笑。

再舉個簡單的例子，比如說你今天要想個創意說服媽媽給你增加零用錢，

那就不可能把媽媽的情感置之不理，如果只是張嘴狂噴：「給我錢、要買帥鞋、手搖、模型快點快點快點……」媽媽會理你才怪。但若把引起受眾（aka你媽媽）共鳴的條件考量進來，跟媽媽說：「媽，妳最近買菜的時候有沒有感覺通膨越來越嚴重？」媽媽肯定會被這個議題驅動開始抱怨：「你才知道，我跟你講啦，上禮拜去黃昏市場買一斤豬肉，結帳差點昏倒。以前才多少錢，現在喔……（下略五千字）」。只是閒聊嗎？當然不是，此時你已經成功透過導入「通膨話題」引起媽媽的共鳴，靜靜聽完媽媽的抱怨後，共鳴的第一階段完成。此時緩緩補上一句：「對啊，現在東西好貴喔，零用錢也不太夠，每次晚餐都只能挑便宜的，常常吃不飽……」深感共鳴又被動之以情的媽媽，肯定二話不說幫你調漲零用錢。

這當然是個有點開玩笑的例子，但我想說的是，要構思一則有明確目標的創意時，切記，一定要先搞清楚目標是什麼！為了誰去想這則創意？受眾是誰？他會不會對想法買單？能不能產生共情？搞清楚命題後，再去了解你的受眾在乎什麼？哪件事情最能夠打動對方？你的創意才能切中要點，進而引起共鳴欲達到的目標。

Wawa 創意手札 06

消費者或受眾有時並非在意你說的是否為鐵錚錚的事實，而是對方願不願意相信你。共鳴是一種共情，同時也是一種說服的技巧，藉有明確目標的波段，一步步的讓對方走進我們的思考點。製造共鳴最有趣的地方，就在於很多時候對方會以為這是他們自己的主意。但你我都知道，我們做的只是鋪好了一條路，讓對方順著過來而已。而且我們超貼心，連燈都幫他們照好了，來，小心點、慢慢走過來。

2.3

創意是溝通的橋樑，有共鳴的創意讓對方自己走過橋來

針對不同的受眾，會有共鳴的題材肯定不同。舉例來說，學生族群在十幾二十歲的這個年齡階段，生活圈大多圍繞在愛情的煩惱、外貌的焦慮、交友的困擾、對青春的謳歌與對未來的迷惘……等等。而一部講中年危機議題的電影，離這些年輕受眾太過遙遠，關於中年人會經歷的、要煩惱的事情，根本就還不存在於青少年的世界中，因此不管你在這部電影中構思了多少切中要點的巧妙設計，對於年輕族群來說，很多箇中滋味是他們根本無法理解的，又怎麼可能會有共鳴呢？

但是反過來說，如果是一部校園愛情電影，卻有可能在中年上班族觀眾群創造佳績，這是因為青春對所有人而言都是最美好的回憶，特別是苦悶的過來人，更能透過追憶年輕的美好時光而重拾當年的感動。所謂的「見人說人話，見鬼說

鬼話」，就是要你在創意發想之前先摸清楚要溝通的對象是誰，才能提煉出受眾容易共情的主題，並融入創意中，如果沒弄清楚對象，嘴裡說著對方不懂的語言，雞同鴨講的情況下，還要奢望對方會因為你的談話內容感動流涕，這也未免太強人所難了吧！

品牌商和消費者對於相同事件的看法，差異之大有如鴻溝

還記得之前幫一個鞋類品牌的客戶做廣告，他們要慶祝品牌一百週年。然而我們做的第一件事並不是大肆讚頌品牌，而是思考這一百週年對台灣消費者來說，到底代表了什麼？這裡有一個很明顯的誤區需要注意。**品牌和消費者之間的觀看角度是完全不同的。**對於品牌，一百週年是件非常了不起的事，但消費者更關心的是，你在一百週年之後能給他們什麼樣的優惠或好處。兩者的起源相同，但終端的觀看角度卻截然不同。

品牌和消費者間對於相同事件的看法差異就是如鴻溝般巨大，縱使我們講的

是同一件事，品牌側重自身的歷史和成就，消費者更在意的是他們能夠得到什麼實際利益和體驗。理解這一點，有助於我們在做廣告時，更好地站在消費者的立場，設計出更能產生共鳴的創意內容。

那麼到底怎樣才算是引起共鳴的創意呢？老實說這非常難界定，畢竟一百個人就有一百顆腦袋、一百種心情和想法，你不可能透過一個點子迎合所有人，也不可能有一個創意面面俱到，我們要做的，是設法找到目標觀眾在乎事情中的「最大公約數」作為切入點，因為我不可能把一件事情的所有面向都給受眾看，**最能引起共鳴的創意，就是連接起你跟受眾之間的橋梁，只要你的創意足夠勾起對方的興趣，他自己就會想辦法走過橋來，了解剩下的部分。**因為你已經成功獲得觀眾的注意了，接下來請讓我用案例來幫你說明。

2.4

找到受眾的共通點，就找到創意的共鳴點

某汽車品牌 A 有一輛新款的車子，想要特別強調真實的生活感，但是不知道該如何做得更好，畢竟汽車這種東西已經發明超過百年，大家都知道車子長怎樣，正統的廣告也都差不多，比方一個油頭帥氣的西裝男下車，碰地關上車門，天上一隻老鷹飛過……我猜你腦袋裡已經很有畫面，剩下的部分我不必多說，你也已經可以自行腦補把畫面演完了。很普通對吧？想要打動現在的觀眾，就必須找到更不一樣的切點，說出他們真正想聽的話。

在開口說故事之前，得先知道聽故事的人是誰

A牌客戶們當然也知道這一點，因為這款車主打的是**越野和真實使用者的體驗**，所以他們想要強調車款的功能性，這個出發點沒有問題，甚至也讓我們看了一些示意的畫面：「某位車主在森林，把車開到小溪的中間，然後悠閒地坐在車頂上看書。」上述這個畫面並沒有不好，也確實試圖強調車款的戶外性跟功能性。所以你可能會好奇地問我說：問題在哪裡呢？

雖然廣告有時需要利用一些情境強調使用者的感受，但也必須考量到當地市場的真實情景和使用者的習慣。我理解這個示意畫面很美，但真的脫離現實太遠。它可以是一個很美的電影畫面，甚至是風景圖片，但如果目標是把這輛強調真實使用者體驗的車賣出去，這可能就不是最好的想法。無論畫面多麼優美，**如果你想要銷售的是一種「真實的體驗感」，那麼與受眾的實際體驗不符的畫面就難以產生共鳴，更難以激發購買欲望**。現實中的消費者需要看到他們能在日常生活中使用和享受產品的場景，而不僅僅是一張理想化的圖片。

正如我在章節前段所說，想要你的故事引起共鳴，那麼在開口說故事之前，就得先知道聽故事的人是誰。所以我們開始大量蒐集這輛車的資訊，發現其他國家購買這款車的車主，都是很真實野蠻地使用這輛車，不是拿來拖重物，就是用車子綁上鐵鍊去拔樹幹。這些近乎瘋狂的行為，簡直像小孩在玩模型汽車，會故意拿車子飛天或撞牆一樣。當我們調查到這些片段，並與潛在的消費者訪談，更確立了這些影片對我們來說就是最珍貴的素材。我們可以從中對車主的喜好進行判斷。根據影片與訪談回饋的結果，我們認為會對這輛車有興趣的人，心靈的某一塊角落都住著一位有點瘋狂又有點幼稚的 Kidult。（把 Kid 跟 Adult 兩個詞結合的創造字，心理學名詞，專指已成年，甚至步入中年，但行為和愛好仍然比較幼稚，具備孩子氣的大人氣質。）

「我不想只把車洗得乾乾淨淨，我要大玩特玩。」

有了上述的判斷基礎後，我們認為最能夠引起潛在車主共鳴的方式，就是將這輛車定位成「大人的大玩具」。因此我們針對這輛新車款製作了一系列的行銷素材與廣告，廣告影片中我們呈現了頑皮小孩做出諸如爬樹、踩水坑、玩泥巴等被認為是「野蠻」的玩鬧行為，卻被大人斥責嚇阻。同時再用交叉剪接的方式，讓大人駕駛真正的車去做類似的動作。在沙地高扭力大幅度迴轉、飆速駛過泥坑濺起一身汙水、飛越土丘後重重落地甩尾……等等，用種種野蠻粗暴的方式，極盡所能地虐待這輛車，目的就是為了用最極端的使用法，喚起目標觀眾心中那個愛搗蛋的小孩，讓他們知道可以透過這輛車一圓兒時夢想。縱使現實生活你不一定會這麼做，但有了它，你就是有了**可以選擇**這麼做的權利。

Wawa創意手札07

製作一個能引起共鳴的廣告或創意並非易事。要做到這點，不僅需要從消費者的角度出發，還要找到與他們溝通的語言。不能只考慮品牌的立場，更要挖掘消費者在意的點，甚至是那些他們自己都未曾察覺的需求和關注點。不斷蒐集各種情報，包括真實訪談以及歷史資料。來吧，打開搜尋頁面，開始創意的第一步吧！

2.5 創意是用你不熟悉的方法，說出你熟悉的事物

剛才在前面章節中提到了引起共鳴的實際案例與方法，當然，方法有很多種。上述的例子是針對Ａ牌新車的男性車主，過往資料與真實訪談中顯示，大多數的男性消費者對於視覺有較強烈的反應。看到車子在沙地奔馳、飛越土丘、橫過泥坑這樣激昂的畫面，內心的小男孩會立刻甦醒，因此成功引起潛在男性消費者的共鳴。

好，現在我們來討論這個話題的另一種可能。如果今天我們的受眾換成女性消費者，又會遇到什麼狀況呢？根據網路行銷調查數據顯示，女性消費者相較於男性，更傾向於事實與感性必須並重。因此，如果銷售目標是女性，勢必需要以更符合她們的風格來發想創意。接下來，也讓我透過一個真實的案例來說明實際操作上的差異吧。（我雖然執行超過五百個廣告專案，但在此書中，我會盡量挑

選不需要太多解釋即可理解的產品做為案例分享，這樣大家讀起來也可以更快進入狀況，比方說汽車。）

知名汽車品牌B想要開拓台灣的女性購車市場，經過問卷以及實際探訪調查，發現資料裡的大多數女性偏好小型車款，因此B牌根據結果，引進一款小型車以主打女性客群，並找上我們來執行創意，在開始創意之前也是同樣的起手式**先好好做足功課**。我們先針對市面上小型車的車主做田調，發現小型車的車主購車時幾個重要的關注點是：油耗低、迴轉半徑小、高CP值、靈活操控。於是同事們打算從這幾個點著手構思創意，聽起來方向沒錯對吧？但我卻立刻喊了暫停！

不夠嚴謹全面的田調，反而可能是失敗行銷的源頭

為什麼在分秒必爭的資料搜尋過程中要喊暫停，田調結果不是很清楚了嗎？

小型車車主在意的就是這幾個重點啊！確實，已經擁有小型車的駕駛關注的重點

是上述這幾個規格標配沒錯，但依據過往經驗，我們也很可能忽略了一個很重要的觀點，B牌客戶這款新車希望主打的是「女性駕駛」，而根據交通部統計，台灣自用小客車駕駛的男女比例約為七比三。所以這些田調資料若沒有考慮到性別，很可能造成男性車主的觀點居多，而不是這次任務中的女性消費者真正想要看到的。

這就是我前面所說，**發想創意之前如果沒有把目標受眾搞清楚，田調不夠嚴謹及全面，就可能會產生誤區**，如果不作調整，朝著錯誤的方向針對B牌新車特點，諸如油耗、操作性等發想創意，運氣好的話，或許有機會撈到一些男性車主的青睞。但最大的可能，是這些看似合理的資料，反而可能變成是一次失敗行銷的源頭。

事先勘查誤區後，我們重新設計訪談問卷並進行了一次針對女性車主的田調，這次的結果就跟原本的大相逕庭。我們得到小型車款的女性車主在購車時最關注的，其實是一種可以**更掌握自己方向**的感覺，再具象化一點，我們為這次的創意任務切出了關鍵字：「安全感」。但這種安全感並不是傳統觀念中板金很厚、空間足夠、油耗值優秀等純物理性的安全感。也不是擔心走在無人巷弄中的個人心理安全感。而是當女性消費者擁有了一輛車，縱使不大，但也因此可以想去哪就去哪、工作機會不再因為地域性的移動不便只能限定在某幾個區域，甚至沒車可能還要看人臉色等等心靈層次的那種安全感。

精準的消費者洞察，才能精準命中受眾需求

由上述的幾個觀點往下探究，找出了這輛女性車款的消費者洞察。「當她們想擁有一輛車，不僅僅是想要有一個可以載人上山下海、有著四顆輪胎和前後座椅，並且加油就會移動的鐵盒子。她們其實想擁有的是對人生、生活的掌控權。」這才是她們真正的內心需求以及安全感。還記得當我們找到這個關鍵字時，討論現場從原本的鬧哄哄，瞬間像被關掉電源一樣靜默了三秒，因為當下我們知道找到正確的答案了。而這正巧也是小型車最少被人提到的一個點。

當我們找到了「安全感」這個獨特的賣點，經過多次創意修整、策略削尖和發想，我們設計了一系列現代都會女子獨立自駕的情境。在這些情境中，除了強

調Ｂ牌車款可提供的各種行車保障和主動式安全配備功能。女主角不僅能享受自己開車出門的自主性，更從劇情設計中讓女主角擁有十足的安全和安心感。這樣對症下藥的結果，成功引起了女性受眾的共鳴，並為這輛車款創造了亮眼的銷售成績。

讓我們再仔細回顧一下這個案例。從一開始專注於純物理性的安全保障，到最終找到女性消費者心中在意的那個點，並賦予品牌新的個性。**乍看之下是一個「廣告」的誕生，但實際上，這就是一個「創意」發展的全部過程。**只是它的結果剛好被我們做成了廣告。如果你的工作也需要這樣的思考，喔不，我相信你的工作絕對會需要這樣的思考，那麼了解這種創意的脈絡和誕生方式，絕對會讓你的個人能力如虎添翼。

Wawa 創意手札 08

創意的手法千百種，最終的目的都是要引起消費者共鳴並影響實際消費行為。如今的消費者不再像以往僅能單方面接收訊息，社交媒體、各類論壇，甚至口耳相傳，資訊流的傳遞變得更多元且迅速。也因為如此，我們更需要在消費者熟悉的領域，用過往不熟悉的方式與他們溝通。這樣的創意不僅能透過不同觀點讓人印象深刻，還可能促使消費者產生後續行動。讓廣告不僅是一則訊息，也成為生活的一部分。

2.6

讓創意產生共鳴的四個練習法

創意就像我們的身體一樣，是一種大腦的肌肉，需要被鍛鍊、磨練以及增加反饋的速度。剛進奧美廣告時，我曾經跟我的創意總監討論過一個話題：「什麼樣的人叫作有創意？」創意不同於任何顯性的能力，如製圖、繪畫、唱歌或跳舞。它是一種隱性的潛力因子，需要經過時間或實際的考驗才能顯現出一個人是否具備。當天的閒聊中，我的創意總監告訴我，**他判斷一個人是否有創意的方法之一，就是在聊天中看這個人對於談話內容的「反應是否夠快」，也就是我們現在常說的「幹話」**。

你也許會認為「幹話」是沒有營養價值的對談。但仔細思考它的邏輯其實非常有趣。所謂的「幹話」是指當甲說了一句話，即使沒有那個意思，乙卻能夠很快反射出這句話中的「詼諧或幽默」之處並引人發笑。這好像只是一個簡單的回應，但這其實就是一種創意反饋的能力。而這種快速反應的能力，正是創意的特質表現，只不過表現的形式是以對話出現而已。

幹話，是新時代的我們都應該學習的一種生活態度

為了詮釋我心中的幹話並非反義詞，這邊想提一個非常地獄的哏，請您先綁好安全帶。我的母親在六年前因故往生，今天不走追憶路線，這只是故事的開頭。有一次我們要去新竹的一家醫美診所拍片，診所的醫生非常好心詢問我們有沒有當地親友想在拍片時順便體驗醫美的效果。我的同事A子的姐姐住在新竹，她說她可以問一下她姐姐。由於我媽媽的骨灰放在新竹的靈骨塔，我便跟同事開了一個黑色玩笑，說：「那我問一下我媽。」

我的同事A子聽到後，幾乎是第一時間就在Line群裡回：「哇！如果你媽媽也同意的話，那她就是骨灰級的使用者了。」

請各位先不要豎起道德警報雷達，因為我是真心覺得同事回得非常幽默。黑

色，卻幽默。而這位同事A子，就是我們公司創意最強的企劃頭目。**幹話到底是什麼？它可以是聊天的談資，也可以是創意的特質。更也許，在現在這個凡事講道理且高壓的環境裡，它反而是新時代的我們都應該學習的一種生活態度。**

用練習讓創意能力和特質提升

剛才我們提到了意見反饋快速，可以是創意代表能力的一種人格特質，那麼，這種特質是可以被培養的嗎？當然可以。在前面幾個章節中，我們提到了關於引起共鳴的方法和相對的實際案例。透過這些說明和分享，相信你已經了解引起共鳴對創意發想的重要性。在這個小節中，我們再來點刺激的，透過實際的練習方法，讓大家親身感受用練習讓創意能力和特質提升的真實感覺。

所謂的「共鳴」，是受眾能夠把接收到的資訊跟自身經驗做連結，搭一座橋讓他自己走過來。**所以當你設法構思一則能夠引發共鳴的創意時，就非常講求「實際體感」，使內容快速與消費者的生活經驗銜接，讓創意概念的傳達更有感覺。**用說的當然容易，但難在每個人都是獨立的個體，創意發想者要如何找到跟受眾經驗銜接的橋梁呢？

方法有很多，在這邊幫大家歸納我個人會使用的四種方法，幫助你現在或未來需要創意發想時，有更確切與實際的工具和方法論可以做為參考的依據。

一、訴諸情感法

一個很常見的方法就是使用「體感借代」，將創意的核心訴諸於情感面，雖然每個人的生命經驗不盡相同，但是人類的主要情感大多是相近的。我們可以透過大多數人都認同的普世價值或人生哲理，比如勇敢追夢、注重家庭、踏實奮鬥、追求進步、邁向卓越、珍惜當下、樂於助人……等作為切入點，這樣一來你的創意就可以繞過不同的生命經驗，從情感面直搗黃龍，喚起受眾心中的嚮往，進而引發更廣泛的共鳴。

舉例來說，像這種以眾人的體感取代實際經驗的做法，很常見於運動品牌的廣告，大部分的觀眾可能都不是運動員，但是我們都認同努力的價值，而運動員努力訓練的畫面又是最容易產生影響力的，以致運動品牌的創意時常會透過「努力訓練提升自己」為切入點，呈現辛苦耕耘並獲得更好成績的故事，讓觀眾有帶入感，覺得：「啊，我也想要像這樣揮灑汗水得到收穫。」如此一來，就算是沒有運動員相關經驗的受眾，也能透過情感面被觸動而得到共鳴。

方法小結 善用普世價值的人生哲理去做第一次的切角尋找，有了一個正常且邏輯順暢的版本後，再於適當的時機做行為思想上的反轉，就可以創造在廣告創意中常常被使用和提及到的「創意回馬槍」。

二、故事氛圍法

古往今來普天之下，沒有一個人是不喜歡聽故事的，所以才會從千百年前就有天橋底下的說書人，一直演變到現在自媒體蓬勃發展後的各類故事型創作者。那麼創意人又該怎麼透過說故事引起共鳴呢？第一要務當然是讓你的故事有足夠的說服力，不過千萬記住，所謂「有說服力」不一定等於「極度寫實」，不然像漫威電影這類的超能情節不就統統沒有說服力了。想讓故事「有說服力」，是指透過人物塑造、動作表情、故事橋段、台詞情緒、情節鋪陳以及音樂場景的搭配，營造出能引發觀眾情感投入的氛圍。

為了烘托情緒加強情感的渲染，就需要人類共通語言的加持，比如呈現懦弱到勇敢的成長過程、從失敗到成功的生活經驗或是其他如親情、友情、愛情等，營造觸動觀眾內心最柔軟、最堅定的那一塊心靈角落，引發情感反饋，不只是要讓觀眾在人物身上看見自己的影子，更要大聲疾呼：「這根本就是我！」

方法小結 為任務塑造一個真實且富有個性的角色，這樣做是因為你的對象不是一堆蒼白沒有意義的數字，而是一個真實的人類。假設他叫邁克，那麼你為了這個任務所做的任何素材、圖片、音樂、影片、文字、促銷、行動呼籲，邁克是否會喜歡？這就是故事氛圍法裡最重要的一點：**「形塑一個真實的消費者。」會打動人心的，從來都是與某部分的自己有所連結的故事。**找到你的邁克，讓故事真正有生命。

三、流行議題法

有句古話說：「秀才不出門，能知天下事。」古代資訊流通不發達的時候，聰明人卻可透過各種管道掌握消息。但是在網路與社群媒體如此蓬勃的現代，每個人都可以是秀才。別說出門，走出房間都不用，刷短影音就能刷到全世界了。身為一個好的創意人，必須掌握現在流行什麼，不論是名人話題、品牌走向、市場消息、社群議題、世界趨勢，甚至哏圖迷因，都要有一定程度的了解。

為什麼要追流行呢？因為具有普遍認知的話題是迅速引發認同的一種有效手段，在創意中安排受眾認同的流行文化元素，當然就更有機會得到共鳴，比如說現在環保議題在全球都很受關注，或是某個哏圖在社群媒體非常火紅，如果你能把創意跟熱門議題做結合，透過把握時事脈動蹭到流行，創意傳遞的範圍就會更廣泛，得到的迴響跟共鳴也自然越多。**（此法有一點小提醒，只要是議題，以現在行銷的變化來說就是快的，運用時事必須特別注意時效上的拿捏。）**

方法小結 使用流行議題法可當作一個很快的起始點。但也由於流行議題通常具有突發性的特質，其熱度往往會迅速上升，但也可能迅速下降。根據數據調查，約有百分之七十五的流行議題在一週內會達到高峰，但其中百分之八十五的熱度在兩週內會迅速減退。因此，時效性就是此種方法最需要注意的細節。

四、族群分眾法

人是群居動物，對跟自己擁有相同背景的人會更有感情，正所謂「親不親，故鄉人；美不美，鄉中水」，凡事跟自己沾點親、帶點故的，都會更容易獲得共鳴，所以我們可以**透過「分眾」的方式針對某族群的共同經驗或價值觀著眼**，比如年齡層、工作領域、個人喜好、共同信仰、專長、居住地或興趣等類別，以不同族群的特殊用語，營造彼此的差異化與獨特性，更能貼近受眾的生活語境，進而拉近創意與受眾之間的距離。

最常見的案例當然就是星座、生肖、MBTI或性別的分眾，如果只是說一個人潔癖又龜毛，就會有點像是在批評，但如果說「處女座」潔癖又龜毛，不只別的星座有共鳴，可能連處女座的受眾都會點頭說：「對，我是真的蠻龜毛的。」當然這只是用刻板印象來開玩笑舉例，但也可以在某種程度上說明何謂分眾的力量。不過也必須要留意，族群分眾法更著重深刻的洞察和細緻的執行力，才能在跟族群連結時避免淪為歧視，這點必須特別注意。

方法小結　族群分眾法在特殊節日期間尤為有效。節日期間的氛圍會對消費者產生強烈影響，使他們不自覺融入其中。利用這點來進行發想，可讓受眾感受更為深刻。但強烈建議內容著重積極與正面。確保議題的正確平衡，避免引發不必要的爭議或負面反應。

上述四個小方法只是簡單的入門款，提供給想知道如何在創意中引發共鳴卻沒有頭緒時的方向。不過大原則還是如我前面一再強調：「想讓創意引起共鳴，要先知道聽你說話的人是誰。」就像醫生也得先知道患者罹患什麼病，才能對症下藥，如果頭痛醫腳，腳痛醫頭，那醫術再高也只是一時緩解而無法取得最好的療效。

Wawa 創意手札 09

發想創意之前，請務必針對受眾做深度田調，了解他們的真實生活樣貌和心聲，更精準的把握目標受眾的特質、情感、認同和價值觀，讓消費者感受到思考的深度與創意的用心，當然也就更容易產生共鳴，進而實現和他們之間的緊密連接。

2.7 讓共鳴成為地鳴

前面幾章我們反覆談到「共鳴」這個概念。共鳴，簡單來說，是讓消費者在某一瞬間產生深刻感受的最佳方法。這種情感連結不僅可以提升品牌的影響力，還能加強消費者對品牌的忠誠度。除了共鳴之外，上一個小節中，也介紹了四個我經常使用的方法，這些方法在經過不斷練習，會自然內化成為你對於消費者洞察的一種習慣。不斷地反覆練習與驗證，這種共鳴就會逐漸演變為「思想地鳴」。

從共鳴到「思想地鳴」的轉變，是一種微妙的心理過程。指的是在創意的腦內風暴開始之前所產生的一種自然反應。**當你熟練掌握這些方法後，它們會逐漸成為思維中的自然現象，並且潛移默化地影響你所有的創意發想和策略制定**。這種思想地鳴也是一種隱性的創意觸發點，能夠在不經意間帶來靈感，讓你的創意更為豐富和多樣。或許你會問，這世界上有沒有那種叫做天才的人，就只是逛個街、走路走一走就突然想到了答案？的確有，但我更相信大多數的人，都是很努力的普通人，包括我在內。

Day one, or one day?

本書要教你的不是成為天才的瞬間，而是透過適當的練習，將這些實例化為習慣的各種方法。創意不要依賴靈光乍現，要建立在扎實的心態和不斷練習。我們不能僅仰賴靈感的偶然降臨來找到創意的答案，應該**將這些方法內化成為我們的底蘊**。這樣即使你不在廣告業，這種能力也能對你未來的工作產生巨大影響。

當這些方法很自然地成為你的第二天性，你會發現自己在面對任何創意挑戰時都能從容應對，自然流露出創意的火花。這種從「練習共鳴到思想地鳴、從方法到習慣的轉變」是一個需要時間和耐心的過程，但一旦完成，將會為你的職涯帶來深遠的影響。別人看到的是已經練習了不知千百次、熟稔掌握方法而成功的你。認為你就是那個不世出的創意天才，但天知道我們做了多少努力。**以結果論，能翻到這一頁的你，就已經比很多人厲害了。如果你跟我一樣想在創意之路**

上持續努力，那讓我們一起歸零，讓今天成為努力練習的第一天。「Day one, or one day?」來，揮揮手，跟練習後成為天才的自己打個招呼吧。

當然，創意的發想不只是方法與練習，我們還需要不斷學習和探索更多資料，豐富知識庫並提升洞察力。這樣才能真正理解市場脈動，抓住消費者心理。接下來的章節，我將和你分享如何更有效益地蒐集資料，增強創意的實際深度和廣度。我們也將共同探索如何在時間中不斷提升自我。這些概念聽起來很有感覺對吧，具體應該如何操作呢？讓我先透露一個要點：「靠近人群。」

Wawa 創意手札 10

思考慣性是一種長時間培養起來的習慣，它能幫助我們順利解決問題，但也可能成為創意的阻礙。如果我們的目標是希望提升創意能力，那麼打破既有的思考慣性尤為重要。雖然並不容易，但正是這些慣性一點一滴養成了我們的思維模式。所以，從哪一天開始改變呢？明天嗎？不，從今天開始吧。或許你不太喜歡靠近人群，但還記得我剛剛說的嗎？打破慣性才得以成長。所以下一章的一開始，我就要帶著你往人群裡走去。

接觸人群
是唯一目標

3.0 把社恐放口袋，你不是你，你是個愛湊熱鬧的鄉民

「太陽底下沒有新鮮事」這句話我們早已聽過無數次。的確，如果太陽底下沒有人，不要說新鮮事，連情緒波動都消失了。如果你現在的工作或未來的職業目標是進入廣告或行銷領域，那麼請牢記一件事：「你的受眾絕非愚昧無知，不會是餵給他們什麼訊息就盲目接受的人。」如果事情真的這麼簡單，那這個行業未免也太容易了。

有人說，**廣告就是不斷地將資訊重複重複再重複。致使消費者產生一定的印象。這樣講沒有錯，但「重複」這兩個字看起來雲淡風輕，背後代表的其實就是「預算」**，你的預算夠多當然沒問題，在市場上也不乏這樣的案例。還記得有好幾次看到整條信義路的公車亭版位被某企業包下的時候，心中想的不是：「啊，廣告真好。」多半時候是：「啊，有錢真好。」

現今品牌必須以平行的方式，與消費者耳語著所能提供的價值

運用重複的概念讓消費者加深記憶在過去的確成立，因為當時資訊載體有限，比如電視、報章雜誌等。然而今天我們面臨的世界截然不同，打開手機的社交軟體文件夾，裡面至少有十幾種平台，以秒為頻率持續為你更新世界大小事，獲取資訊的來源如此多樣。過去廣告和行銷依賴的是資訊流的差異：「我比你懂產品，所以我說的是對的。」但在現今資訊幾乎是平等的狀態下是難以實現的。品牌不再是以高高在上的姿態將產品賣出去，而是以平行的方式與消費者在各個他們會出沒的地方耳語著我們能提供的價值。

要達到這個目標，絕對不只有書面上的資訊傳遞，必須深入人群，聆聽、觀察、體驗、感受他們真正的需求。這點說來容易，實際上卻不簡單。許多人或多或少都有點社恐，這是人格特質。但如果我們把工作抽離出來看，就必須更深層次地理解人們內在的真實需求。一個看起來陽光的人，內心也可能隱藏著無人觸及的角落；一個外表陰沉的人，內心或許也會因為鼓舞人心的內容而被打動。**這**

些洞察不只是在書本、紙上、文章中，更是在你身邊那些真實活著，站在太陽底下，看似沒有新鮮事，實則卻可以深刻無比的人群之中。

有點社恐沒關係，這是你的性格特質，想改不改都可以，感到舒適就好。但在做這份工作時，請讓我們暫時把社恐放入左邊口袋。再把右邊口袋的你拿出來。**你不是你，你是個愛湊熱鬧的鄉民。**

3.1 沒有接觸人群的創意是不負責的

專心創作或是發想創意時，常會聽到有人說「我要閉關了」，把自己與世隔絕起來，專心一致挖掘腦袋中的靈光（但是前面說過，創意發想絕對不能只靠靈光乍現。）當需要獨自專注的時候，這當然沒什麼問題，但如果你一直都是個喜歡離群索居，跟自己相處多過跟別人互動的人，可能就要小心了，有句成語叫「閉門造車」，意思就是自己在家關起門來製造車子，這會有什麼問題呢？問題就在於車子是給人開的，如果你一直都是關起門來，從不跟實際開車的人互動，那你怎麼知道別人的需求是什麼呢？不知道需求的話，所有的事情都只能憑空想像，更別提要幫忙解決問題了。**創意不是個人能力的火力展示，而是要解決實際發生的商業問題。**

創意發想也是同樣的道理，畢竟你的創意是要感動別人、說服別人用的，若完全不了解其他人的世界，那怎麼能要求別人反過來懂你呢？所以，縱使我已經從事廣告業二十幾年，依然盡量接觸新知、使用各種論壇和社群媒體，就是為了要知道這個世界正在流行什麼趨勢、正在發生什麼議題、有什麼樣共通的語言……等，這都是必要的功課。

休息非常重要，但跟怠惰是有差別的

雖然有點不健康，但我每天重新整理以及觀看各式社群內容的時間，大概可以用分鐘去計算吧。意思就是說我漸漸養成了一種「窺視社群」的習慣。我不會每一篇都記、也不可能每一篇都回覆，但是藉由這個習慣的養成，也讓我更理解所謂網路民眾的喜好以及社群事件的風向。因而培養出的敏銳度以及對事實的反饋是面臨任務時超好用的能力。有句話這麼說：「**我們可以不喜歡一個故事，但通常不會去反對一個事實。**」

知道更多既定的事實或是消費者的想法，將會在你需要的時候，比方與客戶交談或說服時發揮極大的作用。其實我並非本科而是戲劇系畢業的，我身邊也有許多厲害的同行並非廣告專業科系畢業，但卻都擁有非常強大的創造及想像力，**千人就有千種自我成長的方法，但共通之處就是都有各處蒐羅以及接觸資訊的習慣。**資訊的有用與否毋需當下立判，只要養成習慣即可。

我曾經到 C 牌為他們舉辦一次四小時的創意策略工作坊，主題是個人品牌該如何用廣告邏輯思考。不誇張，當下所有同仁提出的問題我都可以在三秒內想到一個曾經或正在發生的社群事件，然後再用這個事件去解釋他們遇到的問題。這個例子並不是說我的反應多快多厲害，而是只要有機會，就讓這些資訊無差別地進入腦袋，需要用到的時候，讓它們自然流動碰撞，即可幫助我們解決眼前的商業問題。

適時讓身體休息很重要，但還是要養成隨時蒐集資訊的習慣，看看天、看看海、看看人、看看身邊一切貌似理所當然的事物，並從中發現只有在當下的你才能看到的東西，讓這些記憶進入潛意識，需要用到時自然會顯現在你眼前；需要談論時自然會成為話題。至於何時，這就不是我們該煩惱的，它會自然發生。

有人的地方就有資訊，善用資訊的人就能擁有創意

如果自詡為一個創意人，卻只知道孤芳自賞而不願意走入人群，我認為這不但是一種狂妄自傲，甚至是一種很不負責任的行為。你可能會覺得有這麼嚴重嗎？我就不喜歡跟別人相處不行嗎？當然可以，因為這裡所謂「走入群眾」的意思並不是要你八面玲瓏、整天跟陌生人搭話。而是多方接受外在刺激，知道別人關心什麼、在意什麼，才能對症下藥。

我們換個角度想，如果今天一個立志當廚師的人，卻完全不去研究別人的菜色或口味，只是一個勁地蠻幹，結果做出來的菜不受歡迎，不但不自我檢討，還埋怨客人都是木舌頭、味覺白痴，不懂得欣賞，這不是很沒有道理嗎？就算你再怎麼內向害羞，或是非常討厭社群媒體，麻煩你也一定要保持最低限度的觀察新聞時事，知道這個世界正在怎麼運轉著，才不致於讓你的創意跟現實脫節，淪為自我滿足的空談。

但請注意！「接觸人群」不等於「迎合人群」。不是說現在流行什麼我就做

什麼，這樣只能算是跟風、蹭流量。所謂的接觸人群，是要設法靠近目標對象的生活圈，找到他們在乎、重視的事，進而從中挖掘創意點。如果你離目標對象太過遙遠，就很難找到正確的創意切入點，舉個例子來說：如果我今天想要跟五十歲以上的大哥大姐推薦一款運動鞋，那麼鞋子多帥多潮流，簡單一想也知道絕對不會是考慮的關鍵，實地走訪菜市場跟登山團搜集資料，就會發現對有點年紀的人來說，一雙鞋好不好穿脫、走起來舒不舒服、材質透不透氣才是關鍵。但是如果只是大張旗鼓地說我的鞋好穿、舒適又透氣，這不叫創意而是叫賣，雖然也是行銷的一種，但我們畢竟都不想只比誰的聲音更大。而是設法在生活情境中展現出上述這幾個優點，用目標觀眾聽得懂的語言說給他聽，才叫有效的創意。接下來我就用更實際的案例，來說明如何透過「深入群眾」找到關注重點，作為創意發想的根基。

接觸人群是為了給對方一個機會，去認識那個更好的你

許多人在社群媒體上看到的我，形象都是非常陽光、外向的。我並沒有刻意塑造這種人設，私底下的我就是這個死樣子，但即便如此，在社交場合中，我依然會感受到嚴重的內耗，即使像我這樣看似外向的人也難以避免。

不過，這些年來我養成了一個習慣，在每個場合都會設定一個目標，並想方設法去達成。舉個例子，參加一個陌生的聚會時，我會在口袋裡準備至少三十張名片。如果這些名片沒有全部發完，那我就會認為自己當天的KPI還沒有達成。你可能會問，這樣做是在迎合他人嗎？我真心認為不是，這更像是一種製造機會的方式。**在資訊流龐大以及個人能力都很優秀的現代工作環境中，如果因為你的性格特質而隱身在人群中，最遺憾的並不是沒有人注意到你，而是沒有被那個對的人注意到。**不論你發出去的是三十張、三百張還是三千張名片，只要有一個對的人看到，就已經足夠。

這個道理相信大家都能理解，但前提是什麼？前提是你必須先把名片從口

袋裡拿出來。如果你真的很討厭尷尬，可以準備幾個口袋話題當作開場白或起手式。重點不是要和每個人都成為知心好友，而是要給對方一個機會，去認識那個更好的你。

接觸人群不是無用功，等待結果的本身就已經是一種經驗的獲得。

Wawa 創意手札 11

廣告的最原始出發點是廣而告之。在我們眼前的既定事實中，找到那些被忽略的細節，將其放大，使之變得顯而易見，這正是廣告的使命。即便你不喜歡融入人群也無妨，可以用觀察者的角度，細緻入微地捕捉那些被忽視的價值點，挖掘出廣告的精髓，打動人心。

3.2 用魔法打敗魔法，打敗敵人得先變成敵人

某知名食品公司旗下的一款泡麵品牌Ａ因任務需求找上我，按照正規流程應該是要開始針對泡麵的口味、價格、成分……等各方面著手發想行銷創意，但是這款Ａ牌泡麵卻有個大原罪：「不知道從何時開始，Ａ牌泡麵就被跟難吃劃上等號。」每每開發出新口味，不管本身好不好吃，網路留言總是不乏戲謔的玩笑，像是颱風天寧願餓肚子也不拿Ａ牌泡麵，或是如果覺得Ａ牌泡麵好吃，就代表味覺出問題要看醫生了。

這種酸言酸語都還算好，有些激進分子甚至還會直呼Ａ牌泡麵是「次等品」、「劣質」、「不該出現於世界」之類非常負面的用語，好像Ａ牌泡麵是他的殺父仇人似的，所以不管我們用任何創意切角，都必須考慮該如何面對這些不理性批評者的攻擊。這邊順帶一提，知道我做廣告多久的朋友通常都會有一個

疑問：「Wawa，一個工作做了那麼久，難道你都不會膩嗎？」而現在你看到的這個實際廣告案例，在某種程度上，也為我之所以可以做廣告這麼久做了一個很好的註解。創意的魅力就在於這種 Insight 的挖掘和釋放。

為了對抗酸民，你得先化身為酸民

讓我們繼續回到這個案例。經典電影《教父》中有句台詞：「親近你的朋友，但更要親近你的敵人。」我們開始著手了解眼前的敵人，根據資料收集和嚴謹的分析觀察，發現網路上罵最兇的，都是那種愛在各大社群媒體或網路論壇四處留言、高談闊論的網友，也就是前面提過的「酸民」。想要對抗酸民的留言攻擊，其中一個方法，也是較常用的方法，就是砸大錢洗口碑，每天花幾萬塊找樁腳洗留言，只要敢花錢就一定洗得出來。但一來這需要龐大的預算，二來這種**靠洗出來的口碑也不會長久，只能治標不能治本，不會是客戶想要的**。所以我們從不一樣的方向下手，正所謂「用魔法打敗魔法」，為了對抗酸民，你得先化身為酸民，緊接著我和夥伴們深入各大論壇，研究到底為何單純的一款泡麵會變得這麼招人厭。

經過一番研究，我們發現其實A牌泡麵並不是真的因為「不好吃」被罵，更多時候已經變成一種迷因，有人喊難吃，好事者就會跟進起鬨以致產生羊群效應，如果這時有人客觀地幫忙平反，除了招來罵聲，有時還會被嘲笑「真是勇者」。但我們都知道，這裡指的勇者絕對不是褒意。這個原本被用來反諷的詞彙，卻給了我們靈感。遊戲與動漫的世界觀裡，弱小的主角經過鍛鍊成為了強壯的「勇者」，這種英雄旅程式的故事是大眾所喜愛的，所以我們決定讓A牌泡麵化身為勇者，但不是去斬妖除魔，而是勇敢面對難吃罵名。

不單只是用酸民的語言跟酸民溝通，更要從中提煉出他們在意的點

我們將A牌泡麵擬人化，變成了一個弱不經風的小人物，在生活中遭受各種挫折並陷入自我懷疑、信心全失。然而A牌泡麵人決定振作，針對自己被批評的缺點加強特訓，藉此安插在鄉民族群中頗受歡迎的KOL作為導師，訓練

A牌泡麵人。經過一番苦練，A牌泡麵人終於從風吹就倒的弱雞，蛻變成身強體壯的勇者，最後再深深地一鞠躬，感謝所有鄉民的批評，讓A牌泡麵能夠變得更好。

廣告一推出就在網路上引發高人氣，因為我們不單只是用酸民的語言去跟酸民溝通，更從中提煉出他們在意的點是什麼、喜歡的點是什麼，從而發展出一次成功的創意。如前面提到，如果我們在「接觸人群」後選擇「迎合人群」，那麼很可能的廣告走向就是既然大家喜歡罵A牌泡麵難吃，我就跟著配合推出「全台最難吃泡麵大賽」或是「難吃一番賞」之類的創意，一直往難吃的方向推。這種做法短期或許是個噱頭，但長遠來看對品牌絕對不是好事。因為這種自嘲式的創意用多了就會乏味，一但行不通就會回到原點，A牌泡麵仍舊背負著難吃的罵名而得不到喜愛。正如我前面強調的，**所謂「深入群眾」並不是人云亦云，而是透過近距離接觸，了解對方想什麼？價值觀和品味又是什麼？才能找出箇中奧妙，用魔法打敗魔法。**

Wawa
創意手札 12

知己知彼，百戰不殆，是從古流傳至今的必勝心法。這個智慧在現代商業世界中依然適用。了解你的對手、了解你的產品、了解你的任務、了解你的障礙，甚至要去了解你的客戶。這些洞察將幫助你找到創意的解決方案。請相信我，縱使現在很迷茫，但是答案會在這些了解被了解之後逐漸浮現出來。

3.3 運用人群學習的五種方案

上述的泡麵案例，因為要解決的首要目標人群在虛擬的網路世界，所以我們深入群眾的方式就是在各大論壇看文章刷留言。那麼在日常生活中，作為一個創意人又該如何深入群眾呢？以下就舉幾個可以幫助你拓展生活領域、走入群眾生活的小秘訣，各位不妨嘗試看看。

一、五感體驗法

每當要接觸一個新的事物前，可以試著分別用**「五個感官」**去形容那個東西，從而推測其對群眾的意義和反應。首先，**觀察它的外觀**：看起來如何？顏色、形狀和包裝是否吸引人？這些視覺元素會對消費者產生什麼影響；其次**感受**

它的觸感：摸起來如何？質地是否舒適或者具有某種獨特的質感；接著**聆聽它的聲音**：例如打開包裝或使用過程中發出的聲音，這些聽覺效果是否會讓消費者感到愉悅或不安；然後是**嗅聞它的氣味**：氣味可以強烈影響消費者的記憶和情感反應；最後，**品嘗它的味道（如果適用）**：是否滿足消費者的味覺需求，甚至給人驚喜？

透過以上這些具象的感官體驗，能更全面理解消費者在接觸這個事物時的潛在反應。五感體驗法幫助我們以更實際、更立體的方式預測和分析群眾對某個產品或服務的反應，從而更有效地制定市場策略。

小訣竅 除了上述的各種體感，也可以加入其他能運用的感官，只要是能「意會」的都能做心態模擬。

二、思考臆測法

當你在交通工具或路上碰到陌生人，第一直覺對方可能是個什麼樣的人？可能要去哪裡？為何這樣穿？喜歡或不喜歡的東西是什麼？現在臉上的表情可能是什麼意思？心情是好是壞？正在看的手機畫面可能是什麼？**這個方法要求的不是準確，而是快速的直覺。**藉由不斷的直覺磨練，對於細微事物的觀察也會越來越快。論及深入人群，這個方法大概是我最常使用的，因為縱使我能聊天，卻也不是無時無刻都想找人攀談，如果你跟我一樣想保有自己的空間，那麼這個方法也會非常適合你喔。

小訣竅 雖然從小被教育不能以貌取人，但這個方法卻反其道而行，就是要你以貌取人，用最快的直覺去建構出眼前可能是什麼樣的人。長久練習下來，會讓你的直覺更準確。

三、經驗交換法

藉由與同行或不同行業的人交流，獲取平常難以獲得的資訊。坐井觀天是一種生活方式，但可惜的是你只看得到你頭上的那片天空。社交不是必須，但為了創意的吸收，與各行各業的人對談將對你的未來有極大幫助。這邊也有個小提醒，創意卡關時，能讓你想通、找到解法的關鍵通常會出現在你意想不到的地方。所以相較於同業，我更喜歡與不同行業的朋友交流，在對方不知道緣由的狀態下，更有可能解開這道難題。

小訣竅 口袋裡放一些基本的話題辭庫，依照不同的狀況拿出來使用，可以讓這個方法更有效益。

四、小型焦點訪談法

跟經驗交換有一點不太相同，焦點訪談的訣竅在於預先設定一些你想知道答案的問題，再依照設置好的順序，一一詢問訪談對象，這邊有一個提醒，**訪談的過程請盡量讓氣氛輕鬆一些**，因為你要的是自然而然地取得答案，而不是太矯揉造作的應答流程。設定好訪談時間，避免某個層面的對談太深入而顧此失彼，也可以更全方位地取得你要的答案。

小訣竅 討論的話題不要一下子就太深入，由淺入深慢慢引導，有助於取得更客觀的角度。

五、特定社群觀察法

現在的社群平台數量非常多，這個方法之所以要加上特定二字，就是因為各種品類的商品或創意，適合觀看的社群會有非常大的不同。取決於你想看的主題是有關愛情、友情、使用心得、日常分享甚至心靈雞湯，每個社群平台都會依照各自使用者屬性而有不同的資料呈現，試著找出你要觀察的內容可能出現的最佳平台，因為在那裡才會有你想尋找且最符合消費者輪廓的資料。

小訣竅 哪裡人多就往哪裡去，各式平台都會推播當下最受注目的話題或內容，而這些就是你可以參考的對象了。

你發覺了嗎？養成創意的習慣其實不難，大部分時候都是**將習以為常的景色或事物，換成帶著疑問的心情去看待**。這樣的好處是你可以保持腦袋邏輯的清晰，因為你隨時都在產出專屬於你的小答案。還有一個很重要的提醒，就是臆測或預測的答案是否正確完全不重要，因為除非你跟著消費者回家或認識對方，不然你永遠不會知道正確答案。但就如同前面所說，**正確答案並不重要，重要的是**

培養隨時反射給出答案的習慣。當這個習慣被養成，創意的敏銳度亦會大幅增強。

Wawa創意手札 13

有部老綜藝節目的標語是「題目就在影片中」，創意也是。但你要學習找出來的題目甚至是答案，不是在摸不著的影片中，而是藏在環繞著你周圍的人群裡。

3.4

好創意是世界共通語言？我可不這麼認為

章節的最後我還想要提一個小故事，曾經有個國外客戶看見我們公司推出的某個案子後非常喜歡，一直邀約我幫他們做一系列的廣告操作，接到邀請的當下當然覺得榮幸又興奮（耶！終於可以假公濟私出國玩了……咦？）覺得我們公司的能力被認可，甚至有走入國際的潛力，但後來我卻推辭了。你肯定會質疑，為什麼要放棄這麼好的機會呢？我就老實說吧，我不敢去。不敢去的原因並不是因為擔心自己能力不足，而是因為對方給我的準備期實在太短，我對他們國家的文化了解還不夠深刻透澈，在這個前提下是絕對做不出讓外國人也產生共鳴的創意的。

不了解，卻妄想跟他們溝通，這不是鋒頭，只是瘋

台灣是我的家，我在這裡成長、生活，所以清楚知道這個土地的很多細節，但換到國外就不一樣了。隔了一層文化，很有可能沒辦法精準切入人們的生活，有人說：「好創意是世界共通的語言。」我其實並不完全認同這句話，因為世界的語言都不同，就連宗教都不敢說自己是世界共通的語言了，同樣一件事或一個畫面，在各個國家或文化背景的解釋都不太一樣，如果在不完全了解對方實際生活樣貌的情況下，憑空想像出來的創意，我不認為能夠讓不同文化的人買單。

陌生的領域裡，在我真的深入群眾，了解消費者真實生活與社會價值之前，我是不會貿然發想創意的，所以我也建議你在發想創意之前，不妨先跨出腳步、打開耳朵，好好了解一下群眾的生活。最後我要再次呼應這一章的第一句話：「為了成長，把社恐暫時收起來，一起成為愛湊熱鬧的鄉民吧。」

Wawa
創意手札 14

創意有的不是共通語言，而是手段。學會這些方法，讓這些方法協助你找出最有效的創意。

創意中的風暴

4.0 創意的各種地雷、方法，和那支避雷針

前幾章我們探討了許多方法，包括如何與受眾共鳴以及接觸人群的策略。這是明面的手段和理論，使用得當，可以讓整個廣告和行銷的任務漸趨明朗。咦？等等，蔚藍的天空雲霧漸散之時，我為何聽見了陣陣悶雷，難道是風雨將至的前兆嗎？在這一章中，請讓我們仔細注意腳邊的突起，那可能就是順風順水時的無聲地雷。因為再好的策略背後，都可能潛藏著一些風險因素，需要仔細留意。

創意的地雷通常不是一次性的大爆發，而是一步步的小危機引爆

創意的地雷可能與你所想像的不同。它們並不意味著你的創意質感不佳，也

不表示你的共鳴方式不對，而是因為創意的深度往往建立在無數細節的基礎上。所以創意的地雷通常不是一觸即發的巨大爆炸，而是一些零星的小小裂縫。這些小問題看似微不足道，卻可能導致整個創意分崩離析。許多人認為，創意應該解決巨大的問題，甚至也想利用創意來改變世界，感動所有人。這種理想主義確實吸引了許多新進廣告從業者，**但豐厚的理想與骨感的現實之間的差別不是想像力，而是能力。**

雖然我們都有著鴻鵠之志，現實卻往往是這些事件或廣告專案並不足以撼動世界，但這並不意味著我們可以忽視那些微小的創意。反倒就是這些小小的創意，成為累積深厚創意基礎的關鍵。隨著個人能力的提升，當重大任務來臨，你會發現這些細微創意的累積在關鍵時刻發揮了作用。**創意的價值不僅在於解決大問題，而是透過無數細節的堆疊來實現個人成長。**接下來，我將介紹一些常見的創意地雷，並分享如何有效避開它們的策略，這些技巧將幫助你在創意的道路上走得更穩健。來吧，避開那些地雷，抬頭看一下，對創意最有用的風暴即將來臨。

4.1 腦內風暴是一種魔法？

還記得剛入行不久，我負責的某速食品牌創意總監發了一封「腦內風暴（Brainstorming）」的會議邀請信，收到信的瞬間真是興奮到不行，天真如我，以為終於要目睹廣告公司的創意討論魔法。雀躍地進入會議室後才發現，咦？魔法呢？魔杖呢？結界呢？咒語呢？這些都沒有的話，至少召開會議的要是一個白髮蒼蒼的長袍長者吧？為何只有一疊Ａ４紙在我的位置上？我顫顫巍巍地問旁邊同事，才知道原來**腦內風暴並不是指魔法，而是一種發想創意的技法，也可以稱為一種技術或理論**。不禁有些小失望，因為我真的很想看見魔法龍捲風在會議室捲起塵土的感覺啊，那一定很帥。

既然知道沒有龍捲風可看，那就讓我們談談真正的腦內風暴吧。腦內風暴並不是某一種神奇的方法，只要發動後，創意就會從天而降（雖然我心裡還是期待看到那個龍捲風）。但不可諱言，**使用正確的觀念與方法，確實可以讓創意因為有了邏輯的幫忙而更容易梳理出有用的內容**。這種方法就被稱為「Brainstorming」，由「Brain」（大腦）和「storm」（風暴）組成，寓意大腦在激烈思考過程中，像風暴般產生大量的創意和想法。這個術語後來被引申為中文，譯為「腦內風暴」或「頭腦風暴」，並在商業、創意和教育等領域中廣泛被使用。在廣告行銷的領域裡則是指集思廣益的創意發想技術，讓參與會議的人在短時間激發大量創新想法。這種方法通常會發生在團隊會議中（但其實一個人也可以使用），強調自由表達和互動，以便產生多樣化的概念和解決方案。

4.2 創意工具大集合

在失望沒有看到魔法陣的龍捲風之後（到底是有多失望一直講），容我先解釋一下什麼是創意工具。**所謂的「創意工具」並非指特定的固態工具型物品，它其實是一種「引導思考的方式」**，而不是一個具體可以像螺絲起子拿起來就能直接使用的工具。創意工具更像是一套幫助你解開心中和腦海中難題的思維引導方法。為了方便後續的實際案例介紹，我先分享幾個之前在各大廣告公司，我的創意總監們教我使用到的幾種工具。

一、腦內風暴 Brainstorming

這是在廣告體系中最基本也最常出現的創意工具，參與者可以在會議室內自由發言，在任務既定的框架中提出各種想法，無論多麼不切實際。**重點在於量而非質**，先擴散思維，再由經驗者或引導者進行想法上的篩選。

二、心智圖 Mind Mapping

透過繪製圖表，將中心主題和相關子主題以分支形式展開（我個人建議是用圓形，然後像是長了毛的氣球一樣，往外用文字延伸，這個形狀也方便多人同時進行），視覺化地組織和發展創意。有助於理解和聯繫不同的概念和想法。而且強烈建議每個人都拿一支筆在各方向進行。

三、6-3-5法 6-3-5 Brainwriting

一種結構化的腦內風暴法，六名參與者針對某個特定主題寫下任意的三個初步想法，並在五分鐘內完成交給下一個人，重複六次即可產生大量的初步思考點。這也是我當時的總監最愛用的，因為可以在安靜的環境中完成，暫時不需與其他人進行討論。

四、魚骨圖 Fishbone Diagram

雖然是個聽起唬嚨會有點刺的方法，但這個方法是我個人最愛用的，因為發想脈絡可以非常清晰。若你也覺得有點刺，這個方法也可以稱為因果圖，將問題或主題作為「魚頭」，將可能的原因或因素作為「魚骨」展開。這種方法有助於「不偏離主題」並系統化分析和解決問題。

五、SCAMPER 很難發音卻對削尖策略來說很有效的一種方法

這個創意思考的工具是透過提問來激發創意。SCAMPER 是 Substitute（替代）、Combine（結合）、Adapt（調整）、Modify（修改）、Put to Another use（用途）、Eliminate（消除）、Rearrange（重新安排）的縮寫，針對這些方面進行思考和發想。

六、逆向頭腦風暴 Reverse Brainstorming

想不到吧，誰說風暴只能單向，參與者不是直接思考如何解決問題，而是先思考如何造成或加劇問題（怎麼聽起來這個狀況很常自然發生……）然後再逆向思考如何避免這些問題的發生。這個方法也很常使用於需要敏捷式思考的時機。

七、無限思維圖 Infinity Diagram

這個名稱聽起來很酷的方法，是將所有想法和概念寫在便條紙上，隨意排列在一起，然後透過團隊討論來將相關的想法分組和連接，形成一個更有結構的概念圖。一開始的邏輯會有點不順，但隨著討論時間拉長，思考也會漸趨成形，而且透過排列組合，成品通常都很有趣。

八、概念扳機 Conceptual Triggers

使用一系列與問題無關的詞彙或圖像來激發不同的思維路徑。將這些詞彙或圖像作為「扳機」，扣下引爆與主題相關的創意。我也有自己慣用的類似方法，邏輯相似，也是用不相關的詞彙進行創意拆解。偷偷說，我比較喜歡它的另一個名字，叫做「暴力發想法」。

九、六頂思考帽 Six Thinking Hats

以知名度來講的話，這個方法大概是最被大家所熟知的吧，因為操作方法較容易被理解。這個方法是由愛德華・德・波諾（Edward de Bono）創立的思維方法，讓團隊成員在不同的時間點戴上不同的「帽子」，每頂帽子代表一種思維模式（如事實、情感、批判、利益、新思維、控制或組織等），以便從多個角度分析問題。如果你的討論團隊人數允許，我還滿建議大家可以試試看這個方法，會產生非常不一樣的討論火花喔。

十、多投票法 Dot Voting

這個方法顧名思義，就是在有了比較明確的結果之後開始啟動的方式，參與者將點數分配給他們認為最有價值的想法，以便迅速篩選和確定最受歡迎或最有潛力的創意。這點看似容易，但卻也是最需要團隊共識的一種方法。

既然這章提到了那麼多方法，一不做二不休，也順帶提一下我覺得近代最有名的案例吧！一九五〇年代，迪士尼公司在討論創意時發現，傳統會議中「過早的批評」往往扼殺了創意的萌芽。為了克服這個就算是現代的也常常會遇到的問題，華特．迪士尼當時就開發了一種被稱為「三個房間法」（The Three Rooms Method）的創意流程。

華特．迪士尼的三個房間法

這種方法將創作過程分成三個不同的階段與順序，每個階段在不同的「房間」進行，每個房間都有不同的規則和目的。之前我待的廣告代理商也有類似的方法，只是礙於空間，我們是由各創意主管帶到旁邊彼此不會受到干擾的地方進行。雖環境不同，但邏輯相似。

順序１：夢想者房間（The Dreamer Room）

第一個階段是最重要的，目的是要創造一個完全自由的創意空間。接下來我會用目標、心態和方法分別為大家解釋，往後若需要使用這個方法時，會更清楚脈絡。

- **目標：**在這個階段，所有的參與者被鼓勵提出最狂野、最具創意的想法，無論多麼不切實際都可以自由表達。在這個房間裡沒有任何批評或評價，目的是最大限度地激發創意。
- **心態：**鼓勵參與者思考「如果一切皆有可能，我們能做什麼？」不要考慮現實的限制或實際操作中的困難。不要將廣告的現實因素融入，包含預算、時間、空間、人選、地點、波段……都暫時不做考慮地盡情發揮。
- **方法：**使用上述腦內風暴等創意工具，不需要每一項都用，「能夠產出」比使用什麼工具來得重要，並讓參與者暢所欲言。可以採取畫圖、寫字或討論的方式來表達想法。

順序 2：現實者房間（The Realist Room）

在完成自由發散創意後，參與者就要移動到現實者的房間。在這裡，與剛才的邏輯相反，此時大家要將夢想者房間的創意，帶入全盤的現實考量中。

- **目標**：仔細冷靜評估，上一個房間中的哪些想法是可以被實現的，以及如何將這些想法付諸實行。這個階段要切記一個大前提，就是想法必須是能「滿足現實」的。
- **心態**：將創意與現實世界聯結起來，考慮實際的費用、可用的資源、需要的時間、製作的所有人力、確定可控的技術……等現實條件。
- **方法**：細化創意，制定具體的計畫。問自己：「我們如何將這些想法變為現實？我們需要做什麼來實現它？」聰明的你看出端倪了嗎？這間房間的參與者，我個人認為是壓力最大的，因為不能天馬行空，而是要在框架中小心翼翼地行事。

順序 3：批評者房間（The Critic Room）

在最後的批評者房間，參與者要不留情面地進行嚴格批判與分析，目的當然不是為了爭取吵架王的寶座，而是要找出潛在的風險和問題，並進行修正和優化。

- **目標：**評估和挑戰現實者房間中的計畫，尋找可能的缺陷、問題或風險。縱使再細微的風險，都要試著拿出放大鏡找出來，這是這間房間最重要的步驟。
- **心態：**帶著懷疑和批判的態度審視計畫。問自己：「這計畫可能在哪裡失敗？有哪些我們未曾考慮到的風險或障礙？計畫是否已經被其他競品實行過？」
- **方法：**逐一檢視每個計畫的細節，進行模擬測試，並提出改進建議。確保所有問題都得到充分解決。如果遇到無法克服的難題，不要一直留戀在同一個想法上，直接捨棄。

三個房間的創意流程通常需要多次循環，讓想法在夢想、現實和批判之間來回激盪，不斷改進，直到產生出最優化的解決方案。**華特迪士尼所創的三個房間法是一種結構化的創意流程，有助於在創意與現實之間找到平衡。**透過這種方法，可以保護創意在發想階段不受限制，同時又能確保最終方案經得起現實的檢驗，從而產生出既具創意又確實可行的解決方案。

Wawa 創意手札 15

很多人誤以為創意就是天馬行空，但真正的廣告是有剛性流程的。大家認知的創意發想，其實是在很後端才會發生的。前端必須要由策略開始進攻，爾後所有的創意發想也才會有更明確的目標。

4.3 沒有最好的，只有最適合的

剛才我們探討並分享了許多創意工具的使用方法。現在讓我們回歸一個本質問題：「哪個創意工具最好用？」我的答案是沒有。就跟與人與人之間的相處一樣，不同的心情遇上不同的事件，哪怕只是換個場景，所有的觀點就會產生變化，人既如此，更何況是創意的產生工具。

讓我舉個實際案例，之前與F品牌的金融客戶合作，我們被賦予的任務是「年度提案」。年度提案的邏輯是這樣的，我們必須在當年的九月前，將明年一整年的所有專案規劃全部提報完成。其中包含了十二檔不同的廣告行銷操作，意思就是客戶端已經有了基礎的「十二個產品規劃」，接下來就是讓東風吹起，希望我們以這些商品為主軸，進行每檔活動的年度策劃案。

這邊也順帶一提金融商品的創意細物指南。金融商品多半都有自己的運行模式以及商業規則，面對廣告行銷的前幾個步驟，尤其是「描繪消費者輪廓」要格外小心。以一般狀況來說，廣告是由策略進到方向、創意、執行、延續、期許、行動……等步驟來了解受眾的各種特質，更有效地運用特點引起消費者興趣。但由於金融商業模式的特殊性，**這類商品很難在既有規則下，完全符合消費者的需求進行商品開發**。因此，這類型商品首先要統整自身的特性，並從這些特性中找出可能對應的需求。換句話說，就是「利用產品的特質來創造出消費者的需求」。

當我們了解金融商品的創意重點，將視角後退放大。就會發現目標不僅僅是要策劃十二檔廣告活動，而是要為這個品牌思考一整年的方向，這十二檔活動則是我們可以使用的武器。十二檔活動、十二種不同的消費者、一個品牌的全年度規劃。要完成這個艱鉅的任務，選擇合適的創意發想工具就變得極其重要。看到這裡請先暫停一下，往回翻個幾頁，你覺得哪幾個創意工具，更適合使用在金融性廣告任務呢？仔細思考，我相信你心中會有答案的。

工具本身就是工具，如何使用才是重點

再進一步探討，創意工具的使用是否有固定的先後順序？哪種工具應該作為第一順位使用？這並沒有一個放諸四海皆準的答案。就像常有人問我，從事廣告行業的人是否一定要外向或內向。這個問題雖然常常出現，但本身卻是一個偽命題，廣告業並不局限於某種性格特質。真正應該問的是：「你具備什麼樣的特質？而這些特質更適合廣告業中的哪一個職位？」

廣告行業需要的是多元人才，不同的個性和技能組合會創造豐富多樣的創意作品。同樣的道理也適用創意工具的選擇與使用。**問題的核心不在於哪個工具最適合，在於哪些特定任務最適合用哪種工具去執行延伸與發展。**我們必須根據每個任務的獨特需求靈活選擇。這就是為什麼進行創意發想時，不能拘泥某種方法或工具，而是要從多角度、多層面去思考如何找到最適合解決問題的途徑。

「因為某某品牌的創意很棒，所以它的創意工具一定也是最適合的。」「某某小編的幽默風格總是獲得許多分享，所以這樣操作社群絕對沒錯。」這些都是

用了「倖存者偏差」來看待創意的產出。每個品牌和事件的人事時地物皆不同，運用工具時考量的是使用時機，而不是照本宣科。這道理在社群上的操作亦同。平台的演算法是敏捷式思考後的成果，隨時隨地都在因應自身需求而迭代進化，目的是增加使用者的黏著度。雖然結果彷彿都導向同個地方，但與創作者或客戶的意圖邏輯是不同的，前陣子看到有些朋友在討論演算法喜歡短文還是長文。站在廣告行銷的角度，我有個真心建議。

「重點不是長短，而是寫給誰看。」

不是平台喜歡什麼文你就要寫什麼文，而是喜歡你的人喜歡看你寫什麼文、喜歡你品牌的消費者喜歡看你如何與他們互動以及傳遞資訊。**長短不是重點，你想寫給誰看才是我們該關心的**。這些平台喜歡什麼就只能寫什麼，那還開什麼創意會議或是當創作者？直接去抄書就好啦。創意工具、考量邏輯、策略規劃，甚至職業選擇，都可以用這個思考當作基準點。

Wawa 創意手札 16

創意工具的使用應該是彈性且富有策略性的，廣告的核心目標始終是達成客戶的商業需求，而非僅僅展示創意的光芒。不斷嘗試、綜合運用不同的工具，對這些內容的熟悉程度，將會大大影響自身的創意能力。

4.4

批評是創意中最簡單的工作

廣告工作中，最輕鬆的一環叫做批評

創意流程中有沒有最輕鬆的工作？有！就是「批評與緘默」。相信大家都遇過這種情況。在一場創意討論的會議中，就是有一種類型的人，該提供想法時總是緘默不語，就算發言，也只會對這個想法的缺點滔滔不絕。如果在工作中你最擅長的是批評，請小心，因為這代表你具有批判型人格，這種人格如果沒有對應後續的行為，就真的只是一種喜愛抒發情緒的特質罷了。

批評可以是正面的，如果過程中有前因和後續的話。所謂的前因，是你批評的那個點的主要概念為何？順著這個論述進行你的批評，再附加上你的建議。如

此一來，批評就不再只是人格上的特質，而是可以藉由這個行為幫助彼此成長。我身邊有沒有只會批評的人，當然有，出現的時候，我也會盡可能避開他，因為**這樣的人格特質除了沒有辦法讓我成長，更有可能讓我陷入自我懷疑和負面循環中。**

我很喜歡的一種創意會議氛圍，就是彼此在會議室裡543，你罵我一句、我批評你兩句，但是出了會議室，我們的口袋中早已沒有空間裝下批評，有的都是彼此磨合出來的創意。**好的批評縱使不留情面，但中間勢必夾帶著良善的建議，差別只在於受者有無發現。**

找出創意沙中的那一粒金

單純的批評對於創意是沒有任何正向幫助的，我更想要知道的是批評之後的建議，所以在我的工作坊或問卷裡面，我會盡量避開「全都不喜歡」這個選項，因為我想要知道從正向的答案中還能削尖出什麼東西？一堆沙裡的那粒黃金在哪裡？創意在某種程度上是一種超級激烈的腦力活動，既然是腦力活動，就會有彈性疲乏的時候。尤其是當你提出了一個想法，但現場所有的人都只說「我不喜歡這個想法」，卻沒有給出下一步建議。

「累加式的創意練習法」是創意討論時我很喜歡的一種模式。**在方向沒有確定百分之百錯誤之前，我會習慣先假定這件事情是正確的，再由這個基礎往上用其他創意工具進化或改造。**試圖在那一堆沙中找到那唯一的一粒黃金，誰知道呢，真正好的創意搞不好就是由這一粒粒金沙堆疊起來的。**荒謬嗎？不不不，先等等，這可能是個好主意喔。**

看似荒謬的反向思考，為眾人習以為常的事物，重新賦予新定義、新角色

日前我們接到了一個抗痘產品的廣告專案。青春痘這個頑皮的小玩意兒，大家應該都不陌生吧？尤其有重要場合要參加，臉上有了顆令人視線無法閃躲的痘痘真是讓人困擾，既影響外觀，又可能因為疼痛讓人心煩意亂。聽到這裡、喔不

對，就算不聽到這裡，大家應該都覺得痘痘絕對不可能是什麼好東西吧？

然而在討論這個專案的時候，一位同事突然提出了個讓人預料不到的想法：「青春痘有沒有可能是一件好事？」這個提議在所有人狐疑的目光中，似乎變得更加荒謬。但就在這時，另一位同事彷彿頓悟般喊道：「對啊，誰說青春痘絕對只能是壞事？」好吧，既然有兩個人都說出了這個觀點，那麼就來走走看這條路是否有機會。於是開始沿著這條思路深入思考：「如果要讓青春痘成為一件好事，可以怎麼做？」

首先，毫無疑問地，真的很少人會覺得「青春痘」對個人來說是件好事，有礙觀瞻、難以遮瑕、不舒適的疼痛都是無庸置疑的壞處。既然此路不通，那就試著從另一面來想想。對個人來說是壞事，那麼有沒有可能對其他人是有利的呢？後來在這個荒謬的起始點中，我們想出了一個有趣的活動機制：「在社群平台上，用痘痘為你的學校加分。」當時我們的機制是這樣的，如果你的臉上有一顆甚至多顆痘痘，你可以選擇拍下它並上傳到指定的地方，一經認證我們就會為你的學校加上一顆「痘痘分」。活動截止後，痘痘總積分最高的學校，「所有的參加者」都將能獲得抗痘產品的試用包。**有趣吧，什麼痘痘？不，那是分數。**

大量發送護膚產品的試用包，是這個品類行銷的常見手法，但看完了這個有趣的例子，誰說試用包只能在路上派發或隨產品一併贈送。藉由這個案例，我們也看到了如何從一個看似荒謬的反向思考出發，不僅沒有批評這個想法的異想天開，反而在這個基礎上進一步累加且激發了更多創意的實際做法。下次看到痘痘在臉上，先別擠，除了擦一下我們的抗痘產品，也可以思考看看如果是你，還可以賦予痘痘什麼樣的新角色吧。

Wawa 創意手札 17

批評可以是好事，但前提是要有後續的建議。做人如此、做事更是。批評時，加入一點善意。不必刻意將言辭修飾得充滿溫情，只需心懷善意，讓這份心情融入溝通即可。當然，批評可能會讓對方感到難堪甚至難過，但這並非討論的本意。我們的目的是透過彼此的討論，打磨出更合適的創意。別一直專注在自己的缺點，優點才是應該被放大的部分。

4.5 讓我們把風暴收攏

這個章節分享了許多我這些年在各大公司以及書籍中所學習到、創意總監們也會使用到的發想心法。包含腦內風暴的概念、各種創意發想工具的應用，這些工具在廣告和行銷領域中都有著一定的作用與不可或缺的價值。藝術家揮舞畫筆時需要理解色彩與構圖的搭配，創意工作者運用這些工具，也需深刻理解其理論基礎與操作方法，以達到最佳效果。**不論你喜歡哪個創意工具，它都在強調群體討論甚或個人思考中有節制的自由方法論，再從這些理論中引發大量的創新想法。**腦力激盪的精髓除了成形的邏輯推理，更是透過非線性的思考路徑探索新穎的解決方案。

也如文中所提，腦力激盪的過程並非隨意散談，而是在一個有組織的框架內進行，防止討論流於無效發散。各個參與者的創意相互作用，產生出超過單獨個體貢獻總和的效果。你喜歡一個人想事情，那就一個人想，搭配著這些工具清靜地想；你的文案底蘊不夠強、你的圖像思考比較弱，那就找個互補的人一起參與，會有更不一樣的效果。發想創意本身不是一場內部的惡性競爭，而是各取所需的正向循環。周而復始地進化內容。將創意工具從文字的意義提至視覺化的創意層級。以單個核心概念為中心，向外延展出多個相關的想法與概念，形成一個網狀結構。並**讓這些結構可以讓人讀得懂、看得到、摸得著、可延伸、實際運用，這才是這些創意工具在我心中最具價值的地方。**

創意工具終究只是工具，如同指路的燈，切忌過度依賴甚至迷信

人類的思維過程如同一張由正向想法和質疑交織成的網，當某個節點被激發，其他相關節點也會隨之被喚起。透過這種交互影響結構化的創意訓練，幫助我們在創意發散的過程中，更加清晰地掌握整體概念架構，避免因訊息過量而迷

失方向。這一小節的最後我想再次強調，創意工具終究只是工具，如同指路的一盞燈，為我們的創意思維指引方向。雖然好用，切忌過度依賴甚至迷信。**正確地定義問題並使用合適的工具，才是我們應該專注的重點。**試想一根釘子釘在牆上，沒有人會妄想用吸管將它拔出來。這意味著選擇適當的工具來解決特定問題，是每一個創意工作者必須具備的基本素養。

消費者對於產品的冷漠並非因為缺乏需求，往往是因為尚未意識到這種需求的存在。廣告創意與策略的工作便是將已經成熟的商品概念或想法推銷給潛在的消費者。描繪這些消費者的輪廓，再將合適的訊息傳達給他們絕非易事。這也是為什麼短短的「創意」兩個字背後，也常隱含著大量的努力與工具輔助。（有時候還要有幾個新鮮的肝……）

在創意討論中，我鼓勵出錯，因為發言本身就存在著犯錯的可能性

工具用得稱手滑順固然是件美事，但也不要指望掌握了這些工具，就能一次中的，發想成功。**創意工作本質上是一個反覆迭代的過程，必須不斷測試，並從市場反饋中吸取教訓和經驗**。當創意被否定，感到沮喪無濟於事，因為這也是創意循環的一部分。那麼我有沒有失敗過呢？廢話，人在江湖飄，真的不可能沒挨過幾刀。我不但失敗過，甚至等等還會有一個章節專門來談談失敗的慘痛教訓。但現在要跟大家說的還不是這件事，而是面對失敗的態度。我個人的習慣是不論公司出了什麼錯，要道歉都絕對由我親赴前線。我常講一句話，對於出錯的人，該唸的我絕對會唸，但除此之外，必定會是由我提頭去見，這是身為管理階層的我的個人習慣。

現在讓我們將鏡頭拉近，場景轉換至創意討論的過程。進行創意討論出錯的可能性始終存在，這點無庸置疑。雖然這種出錯與專案執行中因錯誤而導致失敗

的邏輯不同。但在創意討論中，我是鼓勵出錯的。這並不意味著歡迎隨意犯錯，而是鼓勵大家在討論中勇敢發言，因為發言本身就存在著犯錯的可能性。也是這些犯錯的機會能真正成為我們寶貴的經驗來源。**有機會表達卻選擇沉默，最令人遺憾的並不是說錯了什麼，而是連犯錯的機會都沒有。**

追求完美中忽略了錯誤的價值，那些在討論中出現的錯誤，可以讓我們反思並在未來的創意發展中避免類似的狀況再度發生。這些錯誤並非只是阻礙我們前進的絆腳石，同時也是成長過程中不可或缺的一部分。如果不允許任何錯誤發生，等同剝奪了從錯誤中學習的機會，導致錯失那些本來可以透過一次次反覆打磨逐漸成形的創意。許多人小看了「安全的創意環境」的重要性，**鼓勵發言、接受犯錯、累加想法。避免只追求完全無錯的討論環境，也避免忽視討論中最核心的團隊價值，平衡發言的自由與錯誤的風險。**當這些概念都在我們彼此的心中，逐步接近一個滿意的創意時，會充分體現反覆修改，保持最初的靈感與熱情有多重要。這不正也是創意討論中需要反思的另一個重要面向嗎？

我們的任務不是讓創意一次就過，而是讓它越來越好

這些工具是我們的引導者，但最終決定前進方向的依然是自身的智慧與經驗。理解了創意產出與問題定義的前提，本書也終於進入中段。我們即將面臨一個重要的挑戰：「如何將這些內容轉化為具體的文字，並將其有效地傳達給他人？」歷經了定義問題、描繪消費者輪廓、找到共鳴、正確使用創意工具，下一步就是要將這些討論整理為一份完整且具有說服力的內容，並以適當的形式呈現給第三方。但問題來了：「該如何把這些成果展示出來？」把檔案直接寄過去嗎？當然不是。要像讀書一樣唸給大家聽嗎？那就更不合適了，這畢竟不是文藝學術探討，而是要解決一個實際發生的商業問題。既然宗旨是「解決問題」，就必定包含了對彼此價值觀上的考驗。

所以這不僅僅是價值觀與知識的傳遞，更是一種情感的表達。**我們希望對方能感受到討論過程中產生的共同氛圍，這種重要氛圍的傳遞，在行銷的領域中即被稱為「提案」**。提案不僅是讓對方了解我們的想法，更是一種溝通的藝術，旨

在讓我們的創意能夠打動人心，尤其是第一關也就是客戶本人。在下一章中，我們將探討提案的真正意義和實踐方式。

我剛剛已經叫了一輛車，來，跟著我出發提案去囉。

Wawa 創意手札 18

在對的道路上前行，學會的每一步都會是屬於你的成長結晶。熟悉這些創意工具，不論未來想從事哪一種職業，都會是你強而有力的武器。

寫出
好提案

5.0 提案提的不是案，是一種情感

「翻開課本第三十五頁，從第一個字開始跟著我一起朗讀。」突然回想起我的小學時代，老師教我們如何逐字逐句填鴨知識的日子。但是當我們面對提案，這種老式教育的學習方式顯然不再適用。**提案並非單純把知識灌入別人的大腦，而是在短時間內，讓對方真正理解我們的想法、接受我們傳遞的價值觀。**

提案是一種從情感出發的溝通，而不是單純的資訊傳遞

提案，這兩個字看似簡單，然而它所承載的內涵卻遠不止於此。不妨仔細想想，我們花費了可能長達一個月的時間來討論、打磨每個細節，最終將這些精華

濃縮成一份文件，然後要在短短的一個小時內，就要把這些內容傳達給完全沒有參與過討論的第三方！光想就知道這是一件極為複雜的事情對吧？

若我們真的把過程鉅細靡遺地呈現，那麼這份提案將不再是提案，會變成一本敲在頭上會暈的厚重書本，即便我們寫得再詳盡，對方也未必有興趣細讀。事實上，提案的精髓並不在於詳細描述整個過程，而在於透過精煉的表達，將討論後的成果傳遞給對方。**這是一種從情感出發的溝通，而不是單純的資訊傳遞**。當我們提案時，要讓對方感受到熱忱，理解背後的邏輯和價值觀，進而透過創意和執行想像，讓這些價值觀被廣泛的消費者理解和接受。這才是提案的核心所在。

許多人認為提案就是把資料整理好，再交給對方去吸收，但事實上，提案的原理並非如此。從自己的角度來看，可能會覺得這是我們辛苦整理以及發想出來的檔案，對方理應尊重並仔細閱讀。但換個角度思考，想像自己現在坐在台下，身為一位觀眾。如果台上的人滔滔不絕地說著他們討論得多麼熱烈、多麼精采，並不時加上一些內哏，提案的人笑得東倒西歪，那你是否會感到不解，甚至覺得自己像個局外人，難以理解他們的熱情來源？這正是提案時容易犯的重大錯誤之一：**不要在提案時講只有自己人才聽得懂的笑話**。

就算你是個美化高手、簡報的設計能人，但是內容再好，我個人認為最高分也就是九十分，剩下的十分取決於提案者的表達方式與營造的情緒。看到這裡，有些朋友可能會問：「天啊Ｗａｗａ，難道你覺得提案者的練習和講述只值十分嗎？」我的回答是：「**可愛的寶貝，不是的。正因為這關鍵的十分，才能讓提案變成一百分。**」

處於第二名時，貿然向第一名發起挑戰，恐怕結果會非常不利

去年我們為Ｂ牌的小貨卡，執行廣告的前端策略與整體行銷。Ｂ牌產品雖然優質，但這款車型長期以來在市場上一直處於第二名，第一名的品牌已經獨占台灣市場將近三十年。如果我們當時選擇直接向競品發起挑戰，恐怕結果會非常不利。畢竟，使用者對競品的依賴已經成為一種習慣，甚至有些人可能根本不知道Ｂ牌有這款車型存在。Ｂ牌的最大優勢在於安全性、氣囊設置和舒適的設備。

如果我們單純以這些優勢作為宣傳重點，固然可以清楚地表達 B 牌的特色，但我們發現了一個邏輯上的盲區。根據調查，競品的使用者「並不把舒適和安全放在首位」。他們更在意每趟運輸的效率和收益，安全性並不是主要考量。如果我們一再強調安全性，就無法真正打動這群消費者。那麼該如何解決這個問題呢？

我們將原有購買者不關注安全性這點作為破口，不從現階段著手，而是看向前方的趨勢。未來的市場將由年輕一代或是他們的家人接手。數據顯示，年輕一代對安全性的需求遠高於原有使用者至少百分之七十以上。因此我們轉而以年輕人的視角進行溝通，讓他們認知到 B 牌的競品在安全性方面是不足的，進一步影響他們「未來的購買決策」，降低對競品的偏好。這個提案的邏輯非常有趣。如果我們一味強調產品原本的優勢，表面上看似對客戶有利，因為優點得到了突顯，但真正應該考慮的是消費者的需求。資深一代的消費者相較之下對於安全性顧慮較低，而年輕人則高度重視這一點。因此，我們應該避免走入原來那條死胡同，而以全新的角度打動年輕以及未來消費者的心。當時在提案中我們就用這個基調做鋪陳，以感性的手法，讓安全性被大大突顯在提案的會議室中。**我們在提案嗎？我們在做資料傳輸嗎？不，我們在說一個故事，一個能夠解決客戶商業問**

題的有關安全性的故事。

講完提案的基本邏輯後，是否覺得和你之前的想法有些許的不同？提案不僅僅是資料的傳遞，更是一種情感的表達，不論是躍然紙上的文本，或是提案手本身的演繹，都是為了更完整的陳述創意。接下來，讓我們一起來看看提案中哪些細物容易被忽略，並且一起了解在提案過程中需要特別留意的要點。

Wawa創意手札 19

提案的過程是一種價值觀的傳遞，講到心坎裡、支撐有數據、結尾要有續。（我是不是不小心又押韻了一下）

5.1 一起成為地才型的提案手吧

概略計算，截至目前光是我自己對客戶的提案次數，大大小小加起來，絕對超過了千次以上。雖然現在看起來彷彿辯才無礙，就算面對鏡頭或大場面也能自然地進行溝通，但請各位不要誤會，我絕對不是一個天才型的提案手。對比那種令人欣羨、信手捻來的天才型百年一遇，我反而是個「地才型」的認真練習生。如果你跟我一樣也不是天才，強烈建議可以看看同為練習生的我，如何練習克服提案的各種難關。

什麼是地才型提案手？

這次要聊的是提案的練習，雖然不是什麼蓋世絕學，但可以分享的是努力練習「成為地才」的方法。講到地才型的提案練習方法前，讓我先跟大家分享我初出茅廬，第一次與客戶面對面提案的慘況。等等，我剛才是用「慘」這個字嗎？不好意思，忘記加上一個「烈」，我第一次的提案絕對可以用「慘烈」這兩個字來形容。十多年前，那是一個鞋類品牌的專案，雖然後續也跟他們合作了好幾次，但講到首度的「面對面真人提案」，真的是不堪回首的慘烈狀況。

當時我洋洋灑灑準備了近五十頁的內容，口沫橫飛一鼓作氣地講，緊張到只在意有沒有唸到每個字，連客戶的表情和現場啥反應都沒注意。當我「照稿唸完」後，客戶冷冷地看著我說了一句：「我完全聽不懂。你確定知道我們要的是什麼嗎？」這時我才驚覺意識到「羞愧到想要挖個洞鑽進去」這種心理狀態是真實存在於世界上的。

從那次的無地自容開始，二十多年來，我認真地利用每個可以讓我提案進化的時機，不論是兩個人的小型討論、幾十人的中型提案、百人的演講，只要一有機會我就拿出來上戰場實驗，可能也是因為這樣，養成我喜歡實驗各種事物的習慣。講個真實故事，約莫十年前有一場大型的提案，因為專案規模較大，提案現場參與者是以往的好幾倍，誠惶誠恐的我終日不思茶飯，簡單來說就是緊張到快糾起來。提案前的某個晚上，我無意識地轉著遙控器，看到一幕直到現在都讓我記憶深刻的場景，電影名稱是什麼我忘記了，只記得那是一個「神父在布道」的畫面。只見神父講完一串祝禱詞，台下群眾群情激昂，甚至還流下滿臉的淚水。雖然知道這是情節需要，但我心想，這不就是我要的嗎？用語言的力量讓台下聽眾感受到我的熱情。講到這邊請容我再次強調這是個真實故事。爾後我在公司快速找到了兩位「教友」同事，並央求他們帶我去所屬教會，希望可以真實感受布道的氛圍。在禮拜日的教堂中，所有人都或虔誠或默念或小聲地讀著聖經，只有我一個人認真盯著神父，並在腦中模擬加上筆記神父布道時的所有動作。這個例子聽起來有些荒謬對吧？但沒錯，我就是想要跟大家強調，**找到任何能讓你進步的方式，只要不傷害人，都可以去嘗試看看。**爾後，我也順利在實際提案中用上一些這次學習到的情緒渲染方式，在接下來的內容也會一一為大家帶到。

講完慘不忍睹的初心者上場、到教堂去學習提案後，就讓我們進入這一小節的主題「地才型提案手養成指南」吧。為了方便說明，我會用重點羅列的方式跟大家分享，也提醒一下，這些練習不分先後順序，可單獨視為一個工具或概念，也可挑選適合自己的方式去練習。

一、提案是一個故事的陳述

拜託！千萬不要只是把數字貼上去。不要只是把數據和太過硬式的資料直接轉貼入檔案，整個練習的過程，要**想像自己是在陳述一個故事，一個與實際商業課題有關的故事，而聽者們都是來聽故事的人**。這樣的好處，是聽者會按照以往聽故事的習慣，自行把前因後果的邏輯串接起來，但切忌本末倒置。如果練習用故事性的方式做鋪陳，建議可以用百分之三十的故事、百分之七十的內容去支撐。如果是理性主導的提案，比方說檔期促購、產品功能說明等等，則可適度降低說故事的成分，但依然不要低於百分之十五，這點必須特別注意。如果要比理性，每天與數字奮鬥的客戶，能力值極有可能是你的數倍之上，請抓準身為創意人的優勢，勿以對方的強項為主要目標，讓聽者感受到故事的節奏，將會產生更好的提案狀態。

二、語順非常重要

不順，不只說的人，聽者也超尷尬。一個吸引人的故事，除了本身的故事線，還有就是表達邏輯的通順度。當你自己在會議室練習，**請練習盡量用「口語」的方式形容詞彙，再深奧的意思都試著把它拉平。避免使用太過拗口或過度修飾的文字**，請記得你不是提供檔案過去，而是活生生的一個人類站在客戶面前說明提案。大家可以用一個狀況協助想像，早些時候，當我們看某些戲劇節目的角色對話，總會覺得有哪裡怪怪的。看著劇中人的尷尬，縱使看了很多集，依然還是想不通哪裡怪怪的。是台詞，就是台詞怪怪的。大部分時候並不是演技的問題，而是台詞，因為書寫用的文字劇本與口語化的對白，本質上雖然都是說出一句話，但因為這是我們都非常熟悉的語言，若使用不當，就更容易感覺超級彆扭。提案文本製作完成，練習時務必要從頭到尾順過一次。並盡量用一般人對話會使用的方式進行提案排練。

三、前後頁用話語銜接

不論是用 PPT 或 Keynote 簡報，不要跳到了那一頁才開始講述當頁的內容，最大的缺點，是聽提案的人很容易會被頁面的文字拉走注意，忽略了你要講述的重點。**提案現場最悖論的地方，來自往往做得越精采的檔案，越會發生客戶只專注於檔案本身**。我自己的習慣是在頁與頁之間，設法用口語的方式找銜接，我把這個方法稱為「電影預告式」的簡報技巧。效果很像是我們去看一部電影，雖然不知道詳細的內容要演什麼，但藉由電影預告我們可以略知一二，甚至因為預告片的精采，更加深了我們對於內容的期待。但請記得，銜接的話語不要超過兩分鐘，這會讓整個提案的時間難以控制，重點是讓上下頁故事及邏輯通順即可。用這種讓觀眾先有預期心理的方法，再搭配適當的前後頁鋪陳，絕對會讓你的提案更充滿文字外的情緒豐沛感。

四、頁面字數的控制

這點一定要特別拉出來說明，雖然坊間有許多文章會建議提案「頁面字數」不要太多，但我真心覺得不用太病態追求極度少量的文字。少量文字這招，僅適合非常成熟的提案手使用，如果你的提案經驗還不夠，頁面上的文字太少反而會讓你的焦慮加倍，然後這些少掉的字哪裡去了？相信我，會一字不漏地跑到你 PPT 下方備註欄上。然後又變成了一個擔心沒講到重點的唸稿循環。確實，太過龐雜的字數和內容，會讓聽者的注意力渙散，此時提案練習的重點再度上場，要練習的不是無中生有掰出頁面上沒有的文字，而是要練習找到每一頁的「小結論」之後，再順勢衍生為下一頁的主題。以純文字來說，每一頁的內容落在五十到一百字左右會是一個講者和聽者不會感到太負擔、以及資訊閱讀順暢的字數安排建議。

五、練習提案的語氣

除非你矢志成為Google小姐或先生，不然請好好練習你的表達方式，**雖然這是第五個重點，但以表達力來說，卻可能是最重要的一點。提案用的語氣，並不是強調抑揚頓挫如朗讀一般的聲音。**請記得你是一個真實的人類，在對真實的客戶實體提案，所以縱使是練習的過程，也要盡量模擬現場的語氣、語調、強弱和快慢。練習提案的語氣，最大的障礙通常都不是口條，口條是絕對可以透過練習而更加熟練的東西，最大的心魔其實是「不習慣的害羞感」。平常明明就不是這樣講話的人，突然要對複數以上的人類，用這種仿若說故事的語氣對談，如果你也有這種症頭，那麼首先要練習的就不是內容，而是要先練習放下身段。不需太誇張，有節奏即可。

六、練習次數至少兩次

我自己試過三次甚至以上的練習次數，但發現有一個奇怪的狀況，因為我的習慣是會加入一些幽默哏，但畢竟我們都不是補教界名師，同樣一個笑話講了三次以上，自然的氛圍會很明顯地消失。**如果不是完全沒經驗，而且內容有一些哏或幽默點，大約二次的完整練習會是一個不錯的選擇**。提案的練習，除了讓內容更熟練，還有一個更有意義的地方，就是加強自信心，畢竟你是要站在很多不算熟悉的人面前說話，時不時還需要套兩句專業用語。「一次面對一屋子的人類，講一個非生即死的提案，光用想像的就夠緊張了吧。」只要是人，進入這種場合都難逃緊張，但是練習後的自信心，可以掩飾掉不安與恐懼的表情和動作。尤其是有了自信之後你的「手」會很自然地擺到它應該要在的位置，再也不會因為不知所措而在那晃啊晃的。

七、設法加入情境感光亮點

通常一個提案適當的時間會是三十五到四十五分鐘，如果整段都是很正經的敘述，聽提案的人會很容易感到疲累。疲累感最令人討厭的就是越到後面越明顯，但可惡的是我們的提案也不能只有聽一半啊，後面的結論若是因為疲累而沒有聽到，那是絕對不可能讓邏輯通順的。縱使你的提案方式屬於冷靜一派，那也沒差，依然強烈建議設法在某些橋段，適度加上情感的用語或文字，幽默、感動、感性、激勵……等等。「用些微的情緒鋪陳讓提案本身不致枯燥。」無須太多，**就像科幻小說「三體」裡的黑暗森林法則，一群獵人在森林裡，槍的指向必定會是有光的那個方向，聽提案的人也是，燃一點光亮，讓他們的注意力往你想要的方向看去。**

八、練習眼神掃描現場

除了極端少數的狀況，通常聽提案的會是兩人或以上，練習提案時，也要練習讓眼神掃視四周，用眼神照顧到聽提案的每個人。這點說來容易，但實際練習就會發現其實超級難。因為我們平時的習慣都是一對一的交談，聊天嘛，誰還跟你三方通話，而且就算是線上會議，我們的對象也是單一台電腦或是CON-CALL用的會議八爪機（會議用電話的簡稱），說到底，依然是對著一個特定的對象進行溝通。但是實體的提案不能，試想，在一群人的會議室中，只有兩個人互相盯著看的交談，除非你們正陷入熱戀或是即將幹架，否則這是一個極其詭異的畫面。**練習提案的時候，就算只有你一個人，也要試著去練習看著空蕩蕩的會議椅子說話，並設法讓眼神保持在一個人的坐姿眼高，通常是椅面往上七十到八十公分左右的高度即可。**若對公分沒概念，可以想像一隻黃金獵犬坐在椅子上的高度，這樣除了可以確保眼神交會，還可以讓心理壓力減少。你看，滿屋子都是黃金獵犬耶，多可愛啊。努力地練習來回掃視，絕對有助於提案的順暢度。

上述八個練習提案的提醒，都是我自己練習提案的重點。而且每次提案都是一場練習，這一次提糟了，去，那又如何？重要的是我們學到了更多經驗，成功的經驗很好，但失敗的經驗也非常重要。

Wawa 創意手札 20

把握每次練習的機會，請記得，提案的任何練習方式，都不是為了展示花招，而是為了降低聽者的負擔而存在。加油，成為一名足以肩負重任的提案手吧！

5.2 提案時間的142原則

提案是一場有嚴格時限的戰鬥，提案時限不單是指「講話時間」，同時也包含了進場、設備測試、寒暄、交換名片、乃至於後續QA等，都要算在提案時間的限制內。但時限並不是說要珍惜雙方相處的時間，又不是約會要抓住每分每秒的心靈交流。而是因為「人的注意力有限」。**和面試一份工作很類似，提案也應該要有它自己的節奏。若提案時間過長或過短，都有可能會給人過度解釋或是不夠誠懇的感覺。**為了便於你的記憶，我們可以使用「142原則」來掌握提案時間。

何謂「142原則」

「142原則」指的是：「十分鐘的開場白，四十分鐘的主要提案時間，最後預留二十分鐘給QA環節」。由於人的注意力有限，我們需要在專注度仍可維持的時間內，迅速而清晰地傳達創意。在眼皮即將閉上以及呵欠攻擊來臨之前完成高潮迭起的內容。（這邊補充一個細物心得：請隨時注意會議室的空調溫度。依照我的經驗，冷一點的溫度，更容易讓與會者保持在專注中。）

我們曾經接過一個服飾品牌的年度廣告專案。我先簡單解釋一下什麼是年度提案。廣告的行為都是發生在事前，一個品牌要做廣告，必定是在產品推出之前開始規劃，只是規模內容大小有所分別。年度提案則是目前業界最長時段的一種專案類型。比方說在二〇二五年中，就必須完成二〇二六年的整體年度規劃。大家可以想像，服飾是極具季節性的商品，一年中會有非常多的活動檔期需要呈現。在這個專案中，我們接到的任務是規劃九次活動檔期，並將這九次活動合理分布在一年之內完成。到這裡都還算普遍會遇到的狀況，因為廣告代理商的責任就是幫助客戶解決實際發生的商業問題，把活動計畫放在一年之中執行是理所當然的事。但問題在於根據「142原則」，人的注意力是有限的，當天現場的人數也較多。如果我們完全按照原本的節奏進行，很可能會導致提案時間超過兩個小時。為了避免這種情況，即便是年度提案也必須適當簡化來符合「142原則」。所以我們就將原本鉅細靡遺的解說，拆解為大方向的內容，使時程不至過長，但也不會過於簡化到令人無法理解。

我在這章節中也不斷提到，**提案不只是單純的資料傳遞，更是一種價值觀的說服。而價值觀的說服必須符合雙方，甚至是人類的觀看和閱聽習性。掌握好時間並不能保證你擁有一切，但失去對時間的控制，絕對會讓你功虧一簣。**

最需要運用「142原則」的時機

有沒有最需要運用這個原則的時機呢？有，比稿！前面也有提到，比稿是由品牌方發起的一場比賽，所有代理商根據同一個題目，給出最佳解決方案。這是對於代理商端的比稿遊戲規則說明，但是讓我們往細一步看，客戶們會遇到什麼狀況？既然是同一個題目，假設他們約了三間的代理商來做提案，就代表他們同樣的東西要聽三次。

而且還不僅僅是聽三次的不同創意喔，因為是相同的任務，所以前端的市場概況、顧客需求、消費者調查、競品分析、目前面臨問題……都會是類似的，這些類似內容得重複聽三次。依照過往經驗，比稿多半發生在大型以及資源相對較多的專案，所以客戶的主管們也都會到場。當與會者的位階越高，重複聽同樣東西的耐心度就會大幅下降。**「142原則」保護的不僅僅是我方的提案內容，更是讓對方能夠順暢聽下去的關鍵。**我在這種類型的提案時，還有一次甚至直接把鬧鐘放在前面，一邊說著內容、一邊偷偷瞄一下時間。縱使可能會有一點點的小分心，但時間的掌握在提案現場就是這麼重要。

「142原則」的小外掛

還記得我們前面說的嗎？「142原則」不只是提案的長度限制，也包含了設備架設的時間，這邊必須再提一個細物指南提醒大家。就是有關於要提早多少時間到達客戶的會議室比較恰當？可能有人會說這題簡單，當然是越早到越好囉。如果你看到這一頁也是這樣想的話，請先放下本書，並且把這本書捲起來敲一下自己的頭，當然不是這樣！提早太多到達不但不是一種禮貌，更可能是一種不貼心的打擾行為。

提早到代表什麼，代表跟你對接的窗口，必須要放下現在手中所有正在進行的工作提早跟你赴約、提早帶你進會議室、提早詢問是否要準備茶水、提早跟他的主管告知說你們已經到了。再這樣下去，我看提早請你們離開也不遠了。為了執行「142原則」，提案方到達客戶會議室的時間大約落在十到十五分鐘前會是一個相對恰當的時機，這個時間對方應該正在為上一個工作做收拾，也正要為你這場提案開始做準備。**請務必記得，提早太多時間抵達絕對不是一件好事。**

另外一個把握時限的細物，**假設你的提案內容需要上網，建議先把手機熱點打開並事先測試連結以防運行不順暢**，通常會議室的地點不會是在辦公室收訊最好的地方，可能是辦公空間的角落或某主管的辦公室，這就代表著網路訊號也極有可能不會太好。以防萬一，甚至可以把你要示意的網路內容錄製下來放在提案文本中。咦，為何要開自己的熱點或錄製網路內容？幹嘛搞得這麼麻煩，為何不直接用客戶的Wi-Fi呢？這跟公司的保密以及IT制度有關，通常需要提案的客戶內部會有嚴格的IT管控，不會輕易釋放自己的Wi-Fi及密碼讓初來乍到的人使用。為了提案的整體順暢，還是不要將重要內容的風險，交給不確定會不會拿到的Wi-Fi手上吧！

Wawa創意手札21

時間通常都不會站在廣告發想和製作的這一端，但是至少要讓時間站在提案現場那六十分鐘內的我們這邊喔。請先看一下時鐘，「142原則」你把握住了嗎？

5.3 只能偶一為之但超好用的提案情緒結界

提案的邏輯，是創意方經過徹底的腦力激盪和發想，將知識內容適當扁平化，再傳輸給另一個單位的過程。所以在某種程度上，也可以說是「創意價值觀」的傳遞。如果只是刻板的知識倒還好，但若牽扯到價值觀，聽的對象就會很自然地帶入可能是批判，甚至反抗的心理防禦機制。為了讓客戶的心理防禦機制降低，我分享一個偶爾使用，但卻非常實用的提案技巧，我把這個方法取名為「情緒結界」並以兩個案例作為說明。（這名稱夠中二吧，但我真的好愛！）

所謂代言人真正的底層邏輯，是為了要填補品牌所缺乏的故事

有一次我們為某知名電子品牌執行廣告專案，這個品牌本身已經擁有一位非常有名的代言人，這邊順帶一提我對於代言人機制的想法。代言人存在的目的當然就是為了讓那個品牌的曝光度更高，這是代言人機制當初出現的其一原因。但代言人真正的底層邏輯，是為了要填補品牌所缺乏的故事。並不是所有品牌隨便一拿出來就是個好幾十年或幾百年歷史，有些新創品牌對於消費者來說甚至可能是一片空白，不知道這個品牌的來歷，也不知道他們的設計師。此時代言人既有的知名度和人氣就會派上用場，因為我們都認識這個有名的人，所以可借代他們的名氣以便於記住並補上品牌缺乏的時間感厚度。簡單來說就是用某一個人的故事，讓消費者感覺我們更認識了這個品牌。

先知道這個邏輯，再繼續聽聽這個故事吧。若品牌資源足夠，邀請代言人當然不失為一帖良藥，但在我看來，**代言人有時也會像一杯水。水雖然是健康的，也是維持生命的重要因素，但如果那個代言人代言過多產品，水的特色也會因此**

毫無遮掩地被揭露出來，那就是「雖健康、但無味」。代言人的形象出現在太多品牌時，有時甚至會多到連我們這些專職的廣告代理商都難以分辨「他到底曾經為哪些產品代言？」更不用說消費者了。上述是我對代言人的一些說明，接下來就進入這一小節的正題，超好用的情緒結界。

當客戶不認識廣告代理商提議的代言人時……

如同前段所說，這項專案任務的首要挑戰，是如何為這個產品創造更有力的宣傳。我們的思考點之一是繞過現有的代言人，因為這位代言人在那段時間太紅，代言的產品可能超過十種，以致變成了水一般的存在。所以我們必須嘗試找到一位消費者更在意的新人選為專案加分。但是問題也隨之而來，即便這個品牌規模龐大，他們仍習慣在單一專案的情況下使用同一位代言人，除了不想花費更多預算啟用新代言人，當然也擔心混淆消費者。這兩點考量平心而論是完全合理的，但我們也必須秉持著身為廣告代理商的良心，為客戶找到更優化的解決方法。你以為預算和混淆就是這次任務的最大難題了嗎？當然沒這麼簡單，在我們細心挑選適當的人選並提出後，客戶窗口也一致認同這是個好選項，但更難的問題又來了，雖然客戶窗口認同，但是一打聽之下，發現客戶的總經理，也就是這個專案的最高指導人並不認識我們提議的這位新生代代言人。試想一下，當你的提案核心圍繞著一個對方完全陌生的人時，會是多麼令人挫折。

為了打破這個僵局，我們在提案之前進行了全面調查，並做了一件我平時很少在提案時會做的事：「在不事先解釋的情形下，放了四段長度分別三十秒的影片。」並且在網路上抓取了最足以代表這位新代言人在過去五年內的工作成果，挑選重點讓總經理觀看影片下方的消費者留言。相信大家也知道「高手在民間、精華在留言」，最後我們成功地在短短的一百二十秒內，讓總經理感受到這位新代言人的潛力與受歡迎程度。並把原有代言人可能造成無味的現實狀況，用數據讓總經理更有底氣地相信我們的方向無誤。幸運的是，客戶公司的其他高層對我們的想法持開放態度，我們也竭盡全力準備了完整的介紹以及創意解決方案，最終客戶接受了我們的作法。

用結界的方式，
讓所有在這個場域中的人都能夠感受到相同的情緒

過程中，我也意識到一個有趣的現象。客戶和代理商之間，其實就是一種相互依存的關係。廣告對創意代理商來說是日常所有工作，然而對客戶而言，廣告卻只是他們工作的一小部分。很多對我們來說理所當然的事，放在客戶的角度來看，並不一定是那麼合理或順暢。這其中的原因，正是因為雙方工作範疇的認知和管轄不同，導致了資訊和理解上的差異。但這也是廣告的有趣之處不是嗎？正因為這些資訊的落差，廣告代理商才能運用創意的手法去填補這些差距的空間。這也讓我們更需要從客戶那裡獲取產品和市場的知識，理解他們看待事物的角度，進而讓我們的創意不僅是自我表達，而是能真正解決客戶面臨的挑戰。

剛才說明的這個電子品牌的專案操作，就是「情緒結界」的使用範例之一。**提案是在一個特定的場域去做特殊需求的表達，在這個場域之中，每個人的思考方向和模式，目標和目的都必須要在同一條線上，才有辦法線性地讓目標以及時間往下流動。**所以「情緒結界」的作用就是如此，用結界的方式讓所有在這個場域中的人都能夠感受到相同的情緒。這個電子品牌的「情緒結界」，就是靠那些影片以及真正會消費的網友留言而順利生成，讓在場的與會者對於提出的方案有共同的想像，這是「情緒結界」的用法之一。好，聽完了這個案例之後，我們來個更刺激的，但請記得，第二個手法並不適用於所有專案，但我真心覺得超刺激，直到現在，我對於這個作法都仍意猶未盡，現在就讓我們來看看第二個「情緒結界」的案例是什麼吧！

超刺激的情緒結界升級版

我們承接過一個汽車品牌的客戶，專案的目標是拍攝三支廣告影片，為了讓影片帶來更新更多的感受，我們大膽採用了不尋常的做法，我沒有選擇廣告類型導演，而是特意找了一位專門拍攝電影的導演。這位導演在當時剛好有一部國片要上映，映前的評價極高。我們覺得這次廣告的目的既然是提升品牌的曝光度，藉助這部電影的導演來拍廣告，**天時地利的狀態下，就能產生一種「借力使力」的效果。這樣的策略在廣告學上稱為品牌聯結效應，藉由這部國片的好口碑與導**

演個人的影響力來提升品牌的知名度與信任感。老實說，請不擅長廣告片製作的電影導演拍攝廣告的這一招是步險棋，但若成立，我相信一定可以讓話題有加乘作用。拿定主意後，就要開始突破任務的第一關：說服客戶。

這個想法的成立與否，全看客戶端能不能接受這位導演。如果客戶不認可這位導演或不喜歡這部國片，這個做法就絕對無法成立，所以如何說服客戶就成為了專案成敗的首個關鍵點。為了確保這件事得以發生，你們猜猜看我做了什麼？把導演的介紹貼到提案上？把導演的作品逐一詳述？豐功偉業都講了個遍？都不是，我直接去電影院包了一個廳！

是的，你沒有聽錯我也沒有說錯，我直接去電影院把一個廳包下來，然後播放導演的那部國片，我邀請了參與這個專案的所有客戶以及我公司的同事一同前往觀賞，讓客戶直接感受到這個導演的功力以期順利讓方案通過。這樣我們就做完了嗎？當然不是，我們還把這個放映會的規模拉到更大，這部片子演完之後，我們請製片和導演直接到現場為客戶解釋他們拍這部片的前因後果，有點像一般電影首映會，結束之後會有相關人員上台解釋分享。這個橋段連客戶本人都感到十分驚訝，竟然還有片後首映會的導演說明橋段？

那這樣總該完成了吧？還沒還沒，我還要繼續加碼讓情緒結界放大，除了讓導演和製片上去說明這部電影之外，我也在一旁順帶說明，邀請這位導演來拍攝廣告，對產品的優勢會是什麼，可以為彼此加乘宣傳的效果會是什麼。所以你說這是一場電影首映會嗎？不！這是一個超級巨大的情緒結界，甚至在看片的過程中我一個字都不用講，這個結界就已經把情緒全都包含在裡面了，當所有人對於一個事情的共同想像沒有隔閡，這個提案能不順利嗎？當然不可能！尤其是當所有相關人士就位，當電影的紅色布幕拉開時，我知道，這個提案我已經成功了。

Wawa 創意手札 22

提案中所傳遞的情緒，絕對要配合適當的氛圍。假設地點是單調的會議室，那麼氛圍的營造者就是一起去的同事；假設提案地點是某主管的辦公室，那麼就要把氛圍放進提案的文本中。不論地點是大或小、單調與否，或甚至是不是在電影院，氛圍的營造絕對是重要的元素。

失敗
讓結果
更美好

6.0

慘痛的失敗經驗

有些人可能會覺得，這本書已經到了一半，應該會用成功案例做引子從頭說到尾吧，哼我偏不，接下來的這個章節，就讓我來談一些慘痛的失敗經驗吧。首先幫大家釐清一個觀念，職涯是一條漫漫長河，某個任務的失敗，也許當下很痛，真的很痛，但拉長時間軸來看，你真的只是輸掉了一場戰爭，整場戰役依然在繼續進行著。**與其說它是失敗，我更喜歡把它想成是我在這之中得到了什麼。**只是這些「得到」，並不如成功案例的順暢，而是完全踩進泥濘中跌了個狗吃屎般的狼狽，抬起頭才發現，啊，剛才那顆石頭雖然讓我跌倒，卻也讓我找到了另外一條小徑。講到大型的慘痛經驗之前，我先分享一個剛進廣告業，第一次遇到美妝類型品牌時碰到的詭異失敗經驗，這個經驗也讓我很快學到一個寶貴的教訓，就是「在專業的場合中，有些問題還是不要現場問的好。」

這個客戶我們前前後後服務了近十年，而這個慘痛的經驗發生在第一年的第一場會議，懵懵懂懂的我走進了那個位在豪華地段的會議室，與會的都是美妝品牌的經驗者，甚至有些人的年資都是用十年起跳，我的身分則是代表我自己公司的企劃人員，好，大家先有個這樣的概念，然後故事就開始了。

有些術語是行業內部的常用詞彙，不懂不要亂問，保證讓空氣凝結

專案規模不算小，所以與會者有媒體、公關、客戶和我們，彼此交叉討論著專案可以往哪些方向進行。整體會議進行得還算順利，但期間我一直聽到三個陌生的英文單字：「Derma、Slective、Mass……」還記得我前面說的嗎？只怪當時年紀小，從小老師有教，遇到不懂的就要問，在那場會議的某個空檔我就問出了這個問題：「請問這幾個單字是什麼意思？」大家聽完我的問題之後，爭先恐後地熱絡回應並親切解釋……你以為是這種溫馨的畫面嗎？才不是勒，大家聽完

我的問題之後，會議室內的氣氛瞬間降到冰點，大家有看過哈利波特嗎？就是催狂魔出現後的那種空氣凝結感。

之後我才知道有些術語是行業內部的常用詞彙，在網路上很難被搜尋到，就以剛才那三個英文單字來說好了，如果你未來可能會從事美妝相關行業，這邊也分享給大家這些單字代表的是什麼。Derma= 醫美、Slective= 專櫃、Mass= 開架。就是這三個英文單字，讓我在現場看起來就像個笨蛋一樣，但也好險發生在第一次會議，不然我看也沒有後來的那十年合作了。所以**我很快就學到一個寶貴的教訓：「在專業場合，永遠不要問白癡問題。」**

如果你真的遇到一些不知道的事或是單字，仔細記錄下不懂的詞，回去後想盡各種辦法弄明白。現在我甚至會用注音記下這些字，回公司後再四處打聽它們的含義。雖然學生時代我們被鼓勵要多問問題，但在職場中的情況完全不同。客戶付錢不是為了找一個勤勞的學生，而是要找專業、聰明的人。表現得過於勤能補拙反而會讓客戶擔心你的能力。對行業內的人來說，這些專業術語是基礎，但對外行人，比方說年輕又蠢的我可能就像難懂的天書。

任何行業都一樣，會被發展成術語的東西，基本上就是那個行業中最常出現且非常重要的事，所以才需要用一個字的縮寫簡少彼此之間的溝通成本。網路上很多人會戲稱中英交雜的對談為「晶晶體」，但我在這邊想小小逆風一下，其實我不是很反對晶晶體的使用，因為有些字真的不是我們故意想講英文，我英文也不是多好，但同樣一個字義，中文有太多的破音和解釋，直譯英文或縮寫反而能讓對話的雙方更快理解。不論你未來是否想要進入廣告這個行業，懂得術語對個人來說絕對會有很大的幫助。偶爾晶晶一下，也是可以的啦。

Wawa創意手札 23

術語就是穿上西裝的語言，有些場合就是適合使用。

6.1

一條 Code 毀掉了一年

如果把廣告生涯最慘痛的經驗一字排開，那麼這個故事絕對是我的前三名。三年前，我們跟一個在台灣做民生消費品非常龐大的集團合作，負責的是集團內的其中一個品牌（那個集團至少有十個以上品牌）。但做生意嘛，總是希望可以再擴大一些，而且他們集團內有個品牌是我一直以來都非常想要嘗試的品類。為了取得信任以及更多機會，每個專案我都是用最高標準應對，從前端的策略、創意的發想、印刷設計到廣告的製作，絕對都是用最高的規格來看待，因為我實在太想承接他們的另外一個品牌。

就在超級用心服務了近一年後，這件憾事發生了。某次他們需要製作一個網站，我當然義不容辭只差沒有兩肋插刀的協助，網站也順利製作完成上線。上線的一個月後，客戶跟我們要網站的數據表現，就在結案前一天，我們要將網站的成效數字抓出來檢視時，我的程式人員跑來跟我講了一句話，他說：「Wawa抱歉，我忘記加上追蹤碼了……」在我崩潰前先解釋一下什麼是追蹤碼。製作數位相關產品，我們會在網站中埋入一些可以被追蹤的程式，再藉由這些程式，判別多少網友進入了這個網站、到了哪幾個頁面、停留了多少秒、做了哪些動作。而忘記加追蹤碼的這件事就意味著，這個網站在上線的一個月中，沒有任何數字可以作為參考，也就是說，這一個月的成效等於零！

再理所當然的流程或步驟，都應該列在檢核表上再三確認

聽到的當下真是五雷轟頂加晴天霹靂，我一直以為「因為驚嚇讓腦中響起雷聲」只是個誇飾法，但這件事情卻真的發生在我身上，當程式人員跟我講完這句話後，我一時不知該如何回應，慢慢走進了會議室，靜靜待了五分鐘之後，我開始把椅子拿起來瘋狂地拚命砸向會議桌，你如果有機會到我的會議室，會看到桌上有好幾個小坑洞，就是那天被我砸出來的痕跡。最戲劇化的還不只如此，就在

我瘋狂砸了椅子五分鐘後，另外一個廣告專案的導演要來開會，當我知道導演團隊的人到了，打開會議室邀請他們進來的那個瞬間，我的表情又恢復成對待客人應該要有的表情，開朗地跟導演打招呼，開始進行另一個專案的討論。

當然，那個當下所有公司的人都知道，前一秒鐘我還在情緒爆炸的狀態，但現在卻和顏悅色地跟導演團隊談笑風生，你說我成熟嗎？當然不是，而是每個專案都必須要公平地全力以赴，也許可以說這是一種工作後的成熟吧，但桌上的那幾個洞可不這麼認為。把導演團隊送出辦公室，我的情緒也漸漸緩和下來，再次跟程式人員確認是否真的沒有加到追蹤碼，還是只是沒有看到而已。確認完疏失，我慢慢地走向座位，拿起電話打給那個客戶，並將事實一五一十地說出，想當然，我之所以會把它寫成文章的一節，就是因為這件事情真的很嚴重，而且不出意外地，我掉了這個客戶，並在結案當天被狠狠罵了一頓。

我個人的習慣是這樣的，公司有任何疏失，尤其是這種超級重大的錯誤，我會在公司內把相關人員該唸的該說的一個都不會放過，但出去跟客戶道歉的人一定是我，因為我知道，把同事推去午門是沒有意義的，這個生意是由我談下來的，當然最後責任也必須要由我去擔。經過這次的超慘痛教訓，我回到公司立刻跟相關人員討論，製作出一份網站上線前必要檢視事項，把一些我們**認為已經理所當然的步驟，就算再細節，也要變成一個流程並且無止境地交接下去。**不論是程式還是設計人員，製作時都要以這份文件做為完成的最後檢查標準。雖然我們再也沒有遇過同樣的事，但縱使已經過了許多年，看著桌上的那幾個洞，心頭還是會覺得有點酸酸的。天哪，我真的好想要另外一個品牌，但我知道那是不可能的事情了，過去的已經過去，好吧，至少我們之後就再也沒有出過這種低級錯誤。不只是流程檢查表，那些洞，也時不時地在提醒著我這件事。

Wawa 創意手札 24

縱使很痛，也不要輕易浪費了這個教訓，如果這個鍋砸出了個洞，就像是我的會議桌，那也要讓這個洞有價值。提醒自己不要再犯錯的價值。

6.2

活動正式上線前的細物指南

回憶完上面那段令人痛心的經驗，如果你會議室的桌子不夠堅固，那就一定要看接下來分享的活動網站上線前細物指南提醒。這裡還有一個重點：「不論你的公司、職位是否為活動網站製作，掌握檢視成效與程式的基本邏輯，將大大提升在未來行銷中的競爭力。」根據調查，百分之八十一的消費者在購物過程中會受到網站設計的影響，尤其如今諸多商品幾乎都是以線上行銷為主，數位基礎知識更顯得重要。砸椅子的事件聽我說說即可，還是不要真的發生比較好。桌痛、手痛、心也痛。

注意事項一：測試載體多多、問題減得少少

網站製作時，頁面中的文字會因手機、電腦版的解析度和大小不同而出現「跑版」的狀況（跑版是網站製作的術語，意指系統文字和設計的版型與原先不同），網站製作跑版並不是少見的現象。**據 Google 資料顯示，若一個網站在行動裝置上的體驗不佳，百分之五十三的使用者會在三秒內放棄該網站。三秒耶，我一口氣都還沒有吸完，消費者就因為使用上的體感不佳，跳走了製作這麼久的網站。**所以不論是製作過程還是完成後，都必須使用兩個以上的載體交叉測試，確保頁面在不同設備上的標題、副標、文字和圖片的顯示是一致的。尤其是同質性網站之間的競爭，會隨著數量的增加而劇烈成長，好不容易做完一個網站、好不容易讓消費者進入、好不容易要進入成效收割的時期，千萬不要因為這非原先預期的系統文字問題，造成不可控的結果。

注意事項二：桌子不夠硬就要好好檢視追蹤碼

有些人可能誤解了追蹤碼的實際意義，並不是同類型的作用就要用同樣的追蹤碼。我舉個簡單的例子，比方說「購買的按鈕」，在第一個頁面和第二個頁面被觸發的意義就完全不同。第一頁就被點選購買按鈕，可能是因為消費者非常需要或好奇這個商品，但也極有可能是因為廣告或行銷的用字和圖打動了他們的心。所以**縱使點選後進入的頁面相同，但追蹤碼都必須不同，可在追蹤碼後加上「序號」作為辨別，更能準確追蹤消費者的行為**。

我們之前承接了一檔標榜健康零食的網購型網站，由追蹤碼解讀出來的訊息就很有意思，有百分之八十六以上的消費者，都是將網頁拉到最底部才會點選購買的按鈕，這是一個含有健康成分的零食品牌，藉由這個解讀我們推敲出的其中一個結果，就是消費者對於健康意識的在乎，需要品牌給予更完整的產品說明才足以觸動他們的心。我們簡單做個空中想像，如果是你拿到這個數據，你會怎麼將這個經驗使用在下一次製作上？我相信其中的一個重點必然是讓這款健康零食的「產品力」說明得更為詳盡吧。而這，也是追蹤碼的基本應用與重要之處。

注意事項三：前期必須定期且密集檢視數據

雖然結案報告會依照合約議定，比如一個月一次月報、一週一次週報等等，都是事先協調好的重要條款。但不論是月還是週，都強烈建議至少每兩到三天就要進行一次數據檢查，尤其是剛上線的前幾天，甚至要用小時為單位計算，因為網站程式運作的機制關係，很多 Bug（Bug 在程式裡係指錯誤的意思）會出現在「人流湧現」的瞬間。只有幾個人在線上，程式就乖乖運作，但人流一旦湧入，程式就如人來瘋一樣在壓力測試時出現問題，類似案例始終不絕於耳。為了避免這種超級不可控的因素，也為了確保所有數字都已正確進入後台。**強烈建議在上線期間密集檢查數據，排除潛在錯誤或遺漏的風險。**

注意事項四：
來，你的名字是小明。追蹤碼命名的重要

所有追蹤碼的命名，都應該要有清晰的邏輯。標準化追蹤命名能大幅提升結案報告的效率，讓後續企劃和客戶檢閱過程更加流暢。考大家一個問題，請問「程式追蹤碼」的命名，應該要由什麼單位主導比較適合？

答案可能跟你想得不一樣，因為問題裡有程式二字，做的又是追蹤碼，很多人會自然的將命名的主導人設定為程式人員。但我反而認為應該要由「企劃人員」做追蹤碼的命名。追蹤碼的目的是為了了解消費者心態，再善用這些心態成為協助往後品牌進化的經驗，程式人員的工作範疇則是為了讓這個流程順利完成。二者的工作與權責都非常重要，但**以結案報告的解析與品牌未來的規劃為依歸，就必須要由企劃人員做最後的調整與解讀，當然其中就包含了命名。**

注意事項五：結案報告的深層意義

每一個頁面、按鈕及停留時間的追蹤碼數據不僅反映當下的使用情況，更代表了未來優化的方向。根據 HuBSpot 的報告指出，使用追蹤數據進行策略性調整的企業，能大幅度提升用戶的滿意度。結案報告的核心不只是當前的數據和表現，更重要的是一併探究未來優化的可能。就以剛剛那個健康導向的零食網站為範例，結案報告就必須涵蓋未來對於「健康優質產品力」更仔細的說明，讓網站適度地分頁、每頁的相關資訊都可導到購買區塊、呈現健康資訊的整理和歸納、營養師或醫師的背書等等，這些未來的優化方向都不是憑空想像，而是藉由追蹤碼合理推導出的結論。

廣告和行銷的運作，從最前端到後續的建議，基本上都是一環扣著一環的邏輯性思維，每個部門都非常重要，但也要區分好大家的權責，專業的事就讓專業的人來，我們不用是每樣都精通的天才，但藉由彼此合作而完成的專案，不也挺美的嗎？

Wawa
創意手札 25

結案報告的小技巧分享。就算這次的成效真的世紀無敵好，也不要只講優點，因為好的市場反饋，客戶們可以透過其他的管道知曉，所以除了優點，也請務必在結案報告中強調下一階段的優化方向，這往往會比現有成效更能吸引客戶的興趣。

6.3 印表機的機車故事

認識我的人就知道，只要是會留下紀錄的文章，用字都會再三斟酌，但是這一小節的標題，我真的想不到更好的方式來寫，所以就讓我偶爾放肆一下吧。對，這就是一個超機車的故事。我公司剛成立的前三年，透過一間大型廣告代理商與一間印表機前三大品牌合作，各位有注意到我的用字嗎？「公司剛成立的前三年」、「印表機前三大品牌」、「大型廣告代理商」，這三個關鍵字，同時也代表了我有多麼珍惜這個機會，草創初期，要不是透過一些較大型的公司轉介，不要說前三大，前兩百大我也不一定接得到，然後……噗噗噗的機車故事就開始了。

錯不在我，吞，或不吞？

我們負責擔任那間廣告代理商的手腳，因為有些動畫技術我們還算拿手，所以這個專案的配合方式，是由廣告代理商負責整套企劃、時程以及客戶接洽，我們則負責製作所有相關內容。每次的會議我都必定到場，就是因為怕遺漏任何訊息。而且當時的電子設備並不是那麼完善，每次會議結束，我幾乎都寫了滿滿好幾大頁筆記和紀錄。

專案的製作期約莫是兩個月，前期的配合和製作都很順暢，雖然我公司成立才第三年，但經驗也足夠支撐製作這個廣告專案。事情是發生在開始製作後的第四次會議（是的，從此我就很討厭四這個數字），依照整體時程的進度表，甚至還有一點超前，帶著我們與那間廣告代理商都看過的內容前往客戶端開會，設計內容從投影幕一打出來之後，我注意到客戶的眉頭皺了一下，但沒有想太多地繼續進行製作物提報，提報完成，客戶停頓了大概有一分鐘之久吧，總之就是很久沒有說話，接著語重心長地看著我說：「上次提到的一個非常重要的關鍵內容，為什麼這次沒有放在製作物裡面呢？」

被這突如其來的問題襲擊，我腦袋頓了一下，緊張地趕快把筆記本拿出來一頁頁翻，不對啊，客戶講的這個重要內容，並沒有出現在筆記裡的任何一頁，甚至一個字都沒有提到！客戶也許是太生氣或真的口渴了吧，暫離去裝水，當客戶一走出會議室，我馬上詢問同行的廣告代理商的業務夥伴，想知道剛剛客戶提到的那個重要內容，真的在上次會議中有提到嗎？此時廣告代理商的業務才支支吾吾跟我說，有……但他忘了跟我們講。知道了這個訊息，我立刻詢問我該怎麼回應客戶？對方看了看我，想了一下說：「不然這樣吧，這資訊也不是真的那麼重要，趕快補上就好，就說是你們沒有注意到，然後我再出面緩解場面，就可以大事化小了。」

過不一會兒客戶回到會議室，手中拿著新裝的水繼續質問我這件事。好了，這個時候我有兩個選擇，第一個選擇是把這個低級錯誤，真的就如同那位業務跟我說的一樣攬在自己身上，就當作是我真的太粗心沒有注意到，導致這個結果。另外一個選項則是據實以告，跟客戶老實說中間的廣告代理商並沒有告訴我這個資訊，所以我當然就沒有製作在裡面。各位猜猜看我當時做了什麼決定？當時在我心中天人交戰的不是要不要說實話，而是因為我的公司剛開，未來還需要這間廣告代理商願意把更多的案子發給我，所以當客戶再度問起時，我就照著剛剛的劇本走：「很抱歉，是我忘記放了……」可能因為道歉得很真誠，因為剛才是真的有點被那個氣氛嚇到了，所以客戶就放過我沒有繼續深究，只跟我說今天下班前趕快把這個資訊加回去，因為他的主管要看。

一念之差，吞下的兩個惡果

出了會議室，我趕快回到公司把這些對我來說的新資訊放進製作物，並以最快的速度與廣告代理商確認完成並寄出檔案。大家以為故事就這樣結束了嗎？不，還沒完呢。這個廣告專案最後當然順利完成了，但說也奇怪，之後我沒有再接過任何這間廣告代理商發給我的案子，一件都沒有，我不確定發生了什麼事，但結果就是如此，這是第一個我自己必須承受的惡果。第二個惡果更神奇，它發生在這件事情的五年後。五年後這個印表機品牌的某個企劃窗口打電話到我們公司，說有一個專案想找我們負責廣告製作，我當然回答沒問題，並且在電話中敲定了第一次的會議時間。大概過了兩個小時吧，對方窗口突然寫了一封信來，請注意，不是打電話，是寫了一封信來，信上說：「我的主管×××說不願意跟你們公司合作，所以這次會議就先行取消……」是的，跟大家想的一樣，這位主管就是當初質問我的那位主管。

如果世界上有時光機，我想做的事情非常多，而這絕對會是其中之一，我想回到那個時刻的會議室，跟客戶明白說，是因為沒有拿到資訊而不是沒有做上去。當然，想想是一件浪漫又有勇氣的事，但我們都知道打開抽屜只會看到文具，沒有時光機。這次的失敗經驗很特殊，因為錯誤的一方並不在我，但卻是由我來承擔所有的惡果，啞巴吃黃蓮大概就是這個意思吧。所以從這一次經驗之後，不管發生任何問題，我絕對都是據實以告，因為在商業的世界中，尤其是巨大預算的廣告專案裡，客戶更在意的是他的預算如何運用？被誰運用？運用的成果如何？而不是廠商之間有什麼不得了的默契或同袍情誼。**商業的世界裡，我們要做的是幫客戶解決實際發生的商業問題，如果問題不是發生在我們身上，請勇敢地說出來，你要維護的不是友誼，你要維護的是公司的商譽。**

Wawa
創意手札 26

不捏造事實，也不承擔非己方的過錯，我們都是已經長大且職業級的選手，不須護住誰，更無須掩蓋事實，若真的不幸出錯都是寶貴的經驗。失敗，有時候會比成功學到更多。

6.4

黑色星期五，我遇過的最大災難

失敗事件是誰都不想遇到的，既然屬於事件，就會分成人為及非人為，我接下來要講的這個故事，是我從業以來遇過最神奇的失敗經驗，這個「巨大」的經驗也影響了我們公司往後十五年以上的習慣。

那年我們承接了一個銀行的廣告專案，這裡先解釋一個技術，任何內容只要透過網路傳輸，就會有一部中繼的電腦主機叫做伺服器。所有資料運作都會透過那部機器讓消費者看到製作完成的訊息。如上文所述，這個專案的失敗經驗跟前一個例子不同，並非人為，而是天災。

廣告專案的製作期間都很順利，沒有發生什麼狀況，縱使銀行相關的品類，因為資安問題，對於廣告來說，製作難度頗高，但也沒有難到讓我們綁住手腳。製作時程的合約中，載明上線時間是某個禮拜的「星期五」，我們也如同以往的所有專案，使命必達地完成了所有內容的製作並且順利上線。咦，順利上線，那麼故事結束了嗎？當然不，故事才正要開始，專案上線的時間是星期五的晚上九點，這個專案有一個機制，需要消費者允許並提供簡單的個人資料，再經由伺服器的傳輸，讓這個金融品牌蒐集並做後續應用，這是整個專案的核心邏輯。事情發生在晚上十點半左右，突然間，整個網站掛掉了，無法作用了！打開網頁只能看到一片空白，但上線的同時媒體也跟著一併曝光，什麼意思呢？就是九點網站一上線，就可以在眾多平台看到這個網站的廣告，點擊就能進入我們製作的網站，但是在十點半，整個網站突然完全失去作用。

各位還記得我們前一個章節提到的經驗嗎？當網站上線，尤其是有媒體配合，一定要在前幾個小時檢測數據是否順利進入，所以我們幾乎是第一個發現這個狀態的，一發現我就立即做了兩件事。第一是通知媒體，請他們先把所有廣告暫停；第二則是趕快通知客戶現在遇到這個狀況，原因尚不明朗但會盡快找出。晚上十一點左右，急忙找了工程師、設計師，反正不管什麼職位，只要有掛個師的我全部都找，把整個網站剖開了往細看，整個機制就是做資料的傳輸，所以檢查很快就完成，什麼問題都沒有啊。那奇怪，為何網站不見了？

星期五，真的不是只有歡樂，請一起響應週五不上線運動

最神奇的地方來了，最後給出解答的人不是我、不是媒體公司也不是客戶，而是新聞，當天接近午夜十二點時，新聞快報指出台灣海峽發生了一次嚴重的「海底地震」，讓電信公司的海底電纜被震到錯位，所有資料傳輸及訊號都因而中斷。當我知道這個訊息真是天旋地轉，天哪，工程師出錯可以改、設計師出錯可以改、媒體單位出錯可以改，但是地震把電纜給震彎了，資料無法傳輸的這件事情我該怎麼事先得知？當然，知道了原因，要解決就不是一件難事，只要把伺服器的位置轉移，改由正常的機器運作就可以解決問題。但請各位幫我看一下這一小節的標題，叫做黑色星期五，所以天哪，我又遇到了另外一個問題，伺服器的機制和位置可以改，但好死不死這一天是星期五，外國廠商也很慌張地說員工都下班了，最快也要星期一才能修復，那我們能怎麼辦呢？就真的只能眼巴巴地期望星期一趕快到來。

星期一當天，大概只花了十分鐘就解決這個問題，但卻因為上線時間表排的

是週末，所以只能空等兩天，所以從那一次開始，不論是什麼客戶、不管是什麼要求，我都堅決不在星期五上線任何跟電有關的東西，並且會跟客戶說明原因，必要的時候再把這個地震的慘烈經驗告訴對方。

星期五，真的不是只有歡樂，請一起響應週五不上線運動。

Wawa 創意手札 27

雖然廣告是感性的產出，但所有的過程都必須是理性的，所以請制定公司內部的上線檢查表，任何東西上線，不論是有電還是沒電的廣告產物，都請在事前再三檢視。至於地震嘛？只能希望老天別再開這種玩笑了。

6.5 與各類演藝角色相處的眉角

這個章節的主題很特別，我曾經認真尋找過，市面上相關類型的書籍都還沒提過這方面的工作須知，但我認為這個主題真的很重要，重要到應該要被寫進本書，主題就叫做：「與各類演藝角色相處的眉角」。

在過往媒體沒有那麼多選項的年代，藝人是一種不可撼動的存在，廣告市場區分為藝人和普羅大眾。但如今隨著許多網路影響者（Influencer）的崛起，他們的光環幾乎與藝人相當。要如何在這樣的環境，與新興的網路影響者一起合作提升廣告效益就顯得格外重要。同時，自媒體蓬勃發展，網路創作者如雨後春筍不斷迭代。企劃與執行時，必須更加了解正確的運作規範和禮儀、應該留意的人物和細節。每個步驟的精細安排，將直接影響最終的廣告成效，學會掌握與不同對象的互動方式，妥善準備各種可能的挑戰將會是成功的關鍵。所以，準備拿起手機或是信件邀約對方之前，請先看完這一節吧。

一、經紀人

這個章節的主題叫做與各類演藝角色相處的眉角，但你有沒有注意到一個細節，就是我要說明的第一個對象並不是藝人，而是經紀人。沒錯，要拍攝任何影片或廣告合作，尤其是在現場，最重要的靈魂人物之一就是經紀人。藝人的責任是負責在現場做好他們的專業，要演繹的內容在事前幾乎都已經知道了，現場剩下的則是與導演團隊之間的磨合以及臨場的即時反應，這些是藝人的攻守範圍。但只要是群體工作就必定會有溝通，而最容易出問題的地方往往也是溝通。因此我把經紀人放在第一個需要注意並且學習與其意見往來的角色。以下幾個細物指南分享給大家。

細物指南 A

與藝人溝通任何的動作或演出，代理商應盡量避免跳過經紀人或製片團隊直接跟藝人對話，並不是什麼越級的問題，而是**透過合作的夥伴來轉達需求是一個基本的拍攝禮節**。製作時給予雙方足夠的尊重，才能避免不必要的誤會。

細物指南 B

經紀人對於時間的掌控擁有絕對的權力。與他們打好關係，假設情況危急，比方說拍片時間快要來不及了，這時候與經紀人維持良好的互動，往往有機會讓你的拍攝進行更順利。哪怕是多個十分鐘，都有機會取得更好的畫面。

細物指南 C

未來有沒有其他合作，經紀人有著非常重要的位置。有時候我們會請藝人多拍幾組照片或幾個額外動作，這些以廣告的規範來說通常是需要額外付費的。但如果你跟經紀人的關係相處得宜，**彼此有良好的默契和信任，有時候這些額外需求是可以在合理範圍內被處理好的**。

從前期溝通開始，一直到影片拍攝的當下甚至成品產出，都請務必與經紀人打好關係，不僅能減少不必要的溝通成本，也能讓整個過程更加流暢，為成品的完善打下良好基礎。

二、藝人

如果是廣告拍攝，最重要的角色之一當然就是藝人。與藝人相處時有許多細節需要注意，但也無須把他們想得太過神祕或難以應付。所有參與廣告的人都是為了某個品牌在傳遞某種概念，只是最終的呈現方式是透過廣告來表現而已。舉個例子，**假設你是一位飛機駕駛員，你的目標並不是讓這個鐵塊飛上天，而是要安全到達目的地。為了達到最終的目標，過程中就必須考慮組員的感受，並讓他們發揮出最佳狀態。**作為合作團隊的一員，就更應該注意到這些環節。接下來，我將分享幾個關於藝人的實用細物指南，避免觸碰禁忌，或是新手常常會遇到的問題。

細物指南 A

如果拍攝現場的內容和事前溝通略有不同，不論這個變更有多小，一定要先得到經紀人和藝人的同意再進行調整。很多人可能會覺得，反正只是臨時加點台詞或動作，沒什麼大不了，但這樣的改動對任何人來說都是不尊重的。就像如果你和別人約好了事情，結果對方突然改變計畫卻沒告訴你，你會覺得自己被擺了一道對吧？對藝人來說，這樣的變更就像是原本的計畫突然改變一般錯愕，不但措手不及，甚至可能影響表現。所以若有任何改變，請務必取得雙方的同意。

細物指南 B

請將藝人視為專業的表演者，而非隨時可以應付所有狀況的機器人。拍攝過程中，製作團隊和代理商要特別注意給予足夠的尊重，尤其是在他們需要休息和放鬆時。試想，如果藝人沒有一個可以稍微安靜一下的地方，他們的精神壓力只會越來越大，這樣一來，拍攝效果也會受到影響。這不僅是基本的尊重，還能夠幫助他們在每個鏡頭前保持最佳狀態。

細物指南C

時間的掌控幾乎是整個拍攝過程中最關鍵的部分。我舉個例子，假如你判斷從A點到B點的路程需要十分鐘，但拍攝當天可能遇上塞車或其他意外，這樣一來預計的時間就被拉長了。這些突發情況雖然並非我們能控制，但結果就是如此。你如果是這位乘客，明明預計十分鐘就能到達，但實際上卻花了三十分鐘，心裡難免會有不滿。因此一旦發現有任何可能延誤的狀況，請立即反應給現場團隊，避免時間延宕影響進度。**主動溝通能避免許多後續的麻煩，也讓大家有更多的時間來處理突發狀況。**

通常藝人的時間會用「班」來計算，一個班等於八個小時，而費用也會是用班為單位累加，「超時」是我們最不想遇到的狀況。跟各位講一個小常識。假設一個班的費用是八元，換算下來，一個小時應該是一元對吧，那麼超時一小時，就代表整體費用會變成九元囉。寶貝啊，千萬不能這麼天真，超時和一個班的費用計算方式是不一樣的，超時的費用多半帶有「懲罰性」的意義，所以單價會比一個小時多上許多，我甚至有遇過超時一個小時，費用直接算成半個班的。所以這些細物請務必記在你的腦中，真金白銀啊，千萬不要亂花。

三、創作者

創作者是在這個社群發達的時代中出現的一種特別職業，他們通常創作的領域是自己擅長或喜歡的。所以並非一定要是特別的專業類別不可，可能是穿搭、飲食、遊記、攝影、開箱、美妝、心靈、喜劇……等多種形式。在基本邏輯上，創作者之於廣告與藝人的思考點有些反過來。**消費者的廣告觀看路徑產生了質的變化，間接促使創作者的市場更加蓬勃。從被動觀看廣告，轉變為主動搜尋喜愛的創作者**，這個優勢的產生，也讓身為代理商的我們更需要知道溝通的一些細節。

細物指南 A

創作者不一定會接受代理商提供的腳本，因為消費者喜歡的是「原本的他們」，而不是經過品牌刻意塑造的形象。但這並不是說創作者絕對不接受其他人幫忙撰寫故事，而是他們明白，消費者之所以喜歡，正是因為他們用自己的專長做自己。這點在合作時，務必要事先達成共識。

細物指南B

要敲定與當紅創作者的合作機會，難度和檔期並不比藝人低，這與費用也有很大的關係。通常創作者的費用不會高於藝人，所以必須透過較多工作量來平衡收支，因此檔期的調整有時候比藝人還困難。時間的安排和製作流程一定要預留足夠空間，確保專案順利進行。

細物指南C

廣告的目的是將產品銷售給消費者，但創作者的邏輯不同。消費者喜歡的是創作者「這個人」，合作時要從這個角度出發。光是讓創作者拿著產品說好話，消費者是不會買單的。**如果必須為創作者準備腳本，那麼一定要為他們量身打造，以創作者的風格和特色為基礎。這樣才能在不改變他們形象的前提下，讓消費者接收到品牌想要傳達的訊息。**

創作者通常個性會非常鮮明，但也因為如此，欣賞他們的消費者，對於他們提供的訊息的信賴感也會相較於藝人來得更深刻，網路平台四處興起的時代，請善用各類型的創作者，運用得當，會帶來傳統式廣告很難帶來的獨特效應。

四、協尋單位

請各位不要誤會，這裡提到的「協尋單位」並不是指警政單位的協尋部門。在廣告行銷的領域中，廣告人選的協尋單位通常是由製片團隊負責，部分則由媒體或公關公司協助尋找適合的人選。他們會依據廣告代理商和客戶的品牌調性去尋找。隨著網路影響者或稱創作者的崛起，這類工作的職權範圍也進一步擴大，與他們溝通時有幾點也需要特別注意。

細物指南 A

預算是重中之重。不論檔期或是企業規模的大小，廣告的預算絕對都是有限度的，不能單憑願望清單去尋找藝人或自己喜歡的網路影響者，必須要從實際出發。有理想固然好，但在尋找合適人選這件事情上，實際一點的考量才能避免浪費大家的時間。

細物指南 B

務必完整告知協尋單位，你希望的廣告人選扮演的角色及要求。協尋單位通常會根據自己的經驗和偏好推薦人選，但這可能與實際的需求不符。為避免浪費時間或出現利益衝突，初期就應明確讓雙方知道條件，合適則進一步合作，不合適則不浪費彼此時間，更能有效節省溝通成本。

細物指南 C

請盡量開發協尋單位的口袋名單。許多藝人和網路影響者可能只簽約給特定的公司，若長期只鎖定和某些公司合作，人選自然會變得非常有限。這並不是說這些人選不好，但隨著網路的快速發展，每天都有新的藝人、創作者和網路影響者誕生，他們可能是消費者眼中的「新寵」，但我們未必了解。**拓展更多的協尋管道，能夠幫助我們接觸其他潛力股，發掘尚未被廣泛使用的人選。這樣的策略**

不僅增加了合作的多樣感，還能讓我們在廣告市場中更具靈活性。

協尋單位是廣告代理商的強力夥伴，前期讓他們越明白廣告的目的，協尋適合的廣告人選進程就會越順暢。如前文所述，口袋中要有多一點協尋名單，除了選擇更多元，也可以讓消費者及客戶感受到我們掌握了最新趨勢和動態的能力。

Wawa 創意手札 28

意見的不同在廣告的討論中是常態，理性的激情，是獲取彼此能力和經驗的最佳解法。各單位其實沒有差得那麼多，只是在某些思考習慣上的不同，尊重專業，也彼此尊重。

6.6 我們的工作不是讓作品一次就過，而是讓創意變得更好

噹噹噹請注意！前方你感知到一場危機可能正在發生。你下意識地解開了襯衫的第一顆扣子，三步併作兩步地跑到附近最近的電話亭，褪下襯衫和眼鏡，襯衫內的衣服露出了一個「S」符號，眼神炯炯地衝出電話亭，往感知到危險的前方大樓飛了過去。信心滿滿衝進了大樓中一間辦公室，進去之後卻發現這裡的危機可不是身為超人的你能處理的。咦？有什麼危機是連號稱無敵的超人都無法處理的呢？怪獸？外星人？巨人？妖怪？不，都不是這些可用特殊能力或道具就解決掉的麻煩。這個危機更巨大也更困難，叫做「廣告的發想和製作」。所以你只好悻悻然地降落回地面，甚至連衣服都忘記換回去，就這樣消失在街頭。

廣告是，超人也無法獨力完成的事，先從問問題開始吧

這是個有點靠……悲傷的故事對吧，雖然是玩笑話，但從事廣告這行這麼久，我也深知即使是超人，任何廣告工作都不可能靠一個人完成。**很多人對廣告有所誤解，認為能夠從事這一行的人，必定擁有過人的創意或獨特的思考能力。但其實不然，廣告的邏輯是先定義出正確的問題，再去尋找這個問題的答案。**而這個過程就叫做創意發想。我們還是很皮的小鬼頭的時候就知道如何問問題，對吧？當我們坐在車上要前往比較遠的目的地，會一股勁地詢問爸媽：「我們到了嗎？我們到了嗎？我們到了嗎？」在遊樂園排隊玩遊戲器材的當下則會說：「換我了嗎？怎麼那麼久？還沒到喔？」

從我們小時候，甚至人類初始的遠古開始，問問題就是我們的天性。這顆紅紅的果子可以吃嗎？要如何讓水源集中？稻子的生長期如何更長久？要怎麼移動得更便捷快速？如何讓我們全部人都更健康？各位發現了嗎？這些都是不需要是

什麼天才才能夠問出的問題，而是我們「需要」這些答案。為了達到這些目的，我們開始想辦法、一起合作、運用經驗、找人詢問、靠自己摸索。而這些行為就叫做創意的發想。**接到任務的當下，我們大多時候能做的就是拿之前的經驗，填補目前知識的缺口，然後試著為客戶解答他們的問題，但這也僅止於第一步。**之後的每個動作、每次的討論，跟每個人的合作，都是為了要讓你們的想法更趨近於那個叫做「完成」的點。請注意，這裡我用的名詞是「完成」而不是「完美」。

沒有一個作品會被創作者稱為完美。

這句話聽來有點殘酷，但如果以作品的理論來講，只有「更好」而沒有「最好」彷彿才是廣告的原罪。這樣想雖然很辛苦，但同時也可能是一件很美的事，因為它表示我們永遠有機會可以讓自己的東西往更進一步的方向去。很多人的作品被客戶或是市場的反饋擊倒之後，就會產生一種絕望的心情：「天啊，我不適合這行！」或者「可惡，我討厭修改！」但請各位把一件事情放在心中，我們的工作不是讓作品一次就過，而是讓創意變得更好，對吧？自勉亦共勉之。

Wawa 創意手札 29

不要太刻意地追求一次就成的巨大成功，創意大多時候是靠經驗累加出來的成果。

養成
創意力

7.0 個人創意能力的養成

前面各章節探討的細物指南，重點都是「外在」的行銷環境、客戶、消費者以及洞察。到了這章，讓我們將視角「拉回自己」。當我們面對嚴峻的廣告環境，除了運用上述學到的策略和創意工具，還必須著眼於自我提升，讓每次經歷都成為成長的契機，這也將會是本章的重心。

現在請暫時收起對外界的關注，找個安靜的角落，回到自己的內心（咦，怎麼突然像是要冥想）。接下來的內容，我會分享幾個關鍵的方法，幫助你強化個人且「可控制」的創意能力。首先第一步不是直接開始發想，而是要學會「練習從別人的廣告學廣告」。**廣告這條漫漫長河已有無數成功動人的案例，有意識地去觀察並分析其中的創意脈絡，由別人的作品中汲取養分，將能幫助我們快速進步。**

其次跟金魚有關，就是「不要過於依賴自己的記憶」。很多時候我們不是不會，而是根本不記得自己有學過、或是想不起來對應的資料放哪去了？有系統地整理資訊，讓這些知識豐厚自己。

最後是「有意識地蒐集生活中的創意元素」。創意來自於生活，練習敏銳地捕捉身邊的點滴，不論是人與人之間的互動、街上的一景一物，還是聽到的音樂或看過的電影，這些都能成為我們靈感的源泉。有系統地蒐集並記憶這些素材，為創意提供更多的原料和靈感。

好了，安靜的角落找到了嗎？開始下一段旅程囉。

7.1 練習從別人的廣告去學廣告

通常一個廣告能夠成功上線，以最小的合作範圍來看，至少就要有客戶端、廣告代理商以及製作方這三個單位的共同合作。而且這還只是大概的分類，除此之外，還包含了許多創意會議、討論、策略制定、方向調整和不斷的反覆修改。

換句話說，你在任何載體上看到的廣告，都是經過非常多人的努力和合作才能誕生。因此未來當你看任何廣告時，**不論這個廣告「主觀性」看起來如何，都強烈建議你先著眼於「它的優點」**。如果你僅用批判的態度去審視作品，偏見會讓你看不到任何有學習價值的地方，即便給你看全世界最好的廣告，你也能在一分鐘之內指出十個缺點。但這麼做又有什麼意義？它只會證明你是一個擅長批判的人，但批判若沒有後續附帶建議，對你的成長是沒有任何幫助的。批評很容易，但唯有當你能看到一個廣告的優點，並從中學習，才能真正提升自己的創意能力。這也是為什麼在這個章節的開始，我要分享的第一個方法就是「練習從別人的廣告學廣告」。關於如何學習的七個方法及好處，以下會為大家逐一說明各點的理由、思考邏輯，以及實際的小技巧。

一、看廣告，不只是看熱鬧

你每天都會看到無數的宣傳，從捷運、報章、公車、大樓看板到手機的跳出式廣告。不要只把這些當成背景噪音，開始有意識地分析它們。設計的目的是什麼？畫面或標語想傳達什麼訊息？為什麼會吸引你？或者反之呢？把自己當成消費者、策劃人和評論家，這是鍛鍊判斷力的第一步。但也請小心，畢竟我們還是需要有自己的時間，無須太刻意每一篇都看，這樣思考的彈性疲乏會來得很快，一天一篇，甚至一週一篇，長時間累積下來，觀察的經驗都是很可觀的。

二、研究廣告的背後故事

就算不是系列稿（通常會以三篇為一個單位）的廣告，其中代表的意涵內容也會是多層次的，可能涉及品牌策略、創意過程和消費者洞察。試著去解讀與廣告相關的新聞、專訪、報獎影片，了解在製作這則廣告前可能經歷了什麼樣的創意過程和市場考量。這會讓你更理解「為什麼」廣告如此設計。了解它的策略故事，也會發現整個過程的系統性思考。以前我們或許得靠 Google 才能搜索到的資料，現在使用各式 AI 也可以協助，請善用工具豐沛你的資料庫。

三、多聽廣告行銷相關的 Podcast

這點很特殊，也可說是專屬現代人的特殊方法，因應 Podcast 節目的增加，許多與廣告行銷相關的節目，為了讓內容能觸及更多用戶，會邀請業內大咖一同分享他們的廣告經驗與工作觀點，這是一個非常被動且可輕鬆快速吸收知識和靈感的方法。可以在運動、上班、通勤、吃飯途中邊聽邊學。聽他們如何分析當前的廣告趨勢和行業變遷，用碎片化的時間吸收經驗，積少成多，相信一定能從中抓住不少啟發。

四、揣摩經典如何而來

重複觀看大家認知的經典廣告。這些內容之所以是經典，不僅僅是因為它們得過獎或受到歡迎，而是因為它們傳達了強大的品牌價值和情感共鳴。揣摩這些廣告是如何運用畫面和文字打動人心。有個小技巧是從廣告的起承轉合去一一拆解，例如它們被喜歡的原因？喜好度歷久不衰的原因？當初的可能目的？以上這幾點與第一點有本質上的不同，很多時候必須要靠臆測與揣摩。這邊也再分享一個重點，畢竟可能是很久以前的案例，這個練習的重點在於培養你個人的反饋與解讀能力。所以臆測的正確與否完全不重要，大膽地去揣摩吧！

五、用不同的視角分析廣告

試著從不同角度看待同一個廣告。從消費者、創意總監、執行者、媒體投放，甚至是品牌方的角度來看，問問自己：「這則廣告達到了目標嗎？」**每個角色對廣告有不同的需求和期待，這樣的分析能幫助你理解廣告的多重目的。每一則廣告都有不同層次的成功與不足，從多個角度切入、更立體地理解它的運作。**甚至同樣一個部分，只要轉換了職位就會產生非常大的變化，這些視角都會成為你解析廣告的養分。

六、理解數據分析

廣告不只是藝術，它背後有一套科學。數據告訴你哪些廣告表現優秀？哪些沒有達到期望？市面上有諸多工具都可以幫助你達到這個效果，懂得看數據，從中學會分析廣告的成效。縱使你認為你的本性就是個創意人，但也不要因為不熟悉而害怕數字。廣告不只是感性的創意，還要用理性的數據來驗證成果。養成這個習慣，也有助未來說服功力的提升。

七、每次都嘗試「推翻自己」

最後一點是我自己也常使用的方法，解析完一個案例後，照邏輯你會得到一個結論，但因為是練習，所以我會更進一步試著推翻自己。由剛剛推敲出來的答案重新換個角度再看一次並詢問：「這是最好的解析結論了嗎？有沒有更好的解法？」在適當時機挑戰自己，不斷推翻現有想法。有基本依據的思考迭代，會讓每一次的練習速度更快，而思考的速度，絕對會變成你個人的超強優勢。

透過練習，不僅能從廣告中學到新的技巧，還能培養敏銳的洞察力，更好地應對未來的創意挑戰。這種從廣告學廣告的過程，可以大量地從他人經驗中汲取養分，幫助我們在面對自己的創作時擴大視角，減少自我限制，打破原有的思維框架，吸收生活中的新元素來豐富創意。

Wawa 創意手札 30

從廣告學廣告的數量基本上是無限的，成功的、失敗的，都會成為我們最好的實戰導師。

7.2 不要太相信自己的記憶

跟某些科幻電影的劇情一樣，我們的記憶隨時都在被更新，尤其是在這個社群媒體資訊爆炸的時代。根據調查，每分鐘我們可能會接收到多達一百五十則甚至以上的新訊息，這些訊息正源源不斷地湧入我們的大腦，讓我們的注意力四處飄散，無法專注在一件事情上。而且最麻煩的是這些訊息經常會相互干擾，讓我們難以清晰地記住每個細節。

如果你想在廣告行業中獲取正確且有依據的資訊，光靠自己的記憶是遠遠不夠的。過度混雜的資訊會讓訊息錯亂，甚至忘記重要的內容或搞錯來源。**很多時候，我們以為自己記得某個數據或觀點，但實際上，那些片段可能早已被其他訊息稀釋或扭曲了。**

不要過度依賴自己的記憶，它有時就像一顆不穩定的硬碟，隨時可能被新的內容覆蓋或篡改。尤其是廣告這樣需要精準數據與分析的行業，隨便一個小誤差就可能讓你偏離方向。底下有三個我隨時提醒自己的方式分享給大家。

一、資訊系統化

我們在工作上常遇到的狀況，並不是沒有資料可找，而是找不到以前蒐集的資料到底被丟到哪去了。所以將蒐集的資料系統化整理真的超級重要。以我自己來說，我會設置幾個固定的資料夾來存放不同的內容，每個資料夾的名稱都會有「明確的指向性」。比方說我通常會依照使用的情境來命名資料夾，像是「廣告提案 2025Q1」、「市場分析」品牌競爭對手」、「客戶簡報」行銷策略」、「美妝保養」參考資料」等。這樣的命名方式讓每個資料夾帶有清晰的目的性，未來找資料的時候也能一目瞭然。這裡有一個重點提醒，**主要資料夾的「數量」不要太多，善用建立子資料夾的方式，一層一層往內建立檔案，這樣對於查找的邏輯會更便於理解。**

二、語音輸入以增加記錄速度

這一點是我個人最常用的記錄方式，就是「語音輸入」。這跟我們平常講話的邏輯和思考模式有關。當我們試圖將思緒轉換成文字，並且在鍵盤上敲敲打打的同時，難免會過度修飾，想把內容寫得更精緻、更漂亮。但正如標題所說，不要太過依賴自己的金魚記憶。精雕細琢文字的同時，很多關鍵的內容其實已經在不知不覺中遺忘了。**語音輸入的最大好處就是即時、簡單、快速。用最有效益的方式捕捉當下的想法，避免資訊在轉換過程中流失。**至於要不要使用特定軟體或遵循某種格式？完全沒有必要！關鍵只有一個「快」。只要能趕在記憶消退之前把想法記錄下來，就是最大的重點。記憶這檔事，效率永遠比完美重要，記住當下比修飾更有價值。

三、使用大綱速記

接收到新的資訊，速記的方式可以這樣做，**首先把主要標題列出來，接著用**

三到五個關鍵詞來簡單描述這些重點。這樣回頭查看時你可以迅速知道自己之前記下的核心思路，既不會過於繁瑣，也能避免遺漏重要資訊。不要試圖一次就把資料整理到位，這樣反而會拖慢速度。寫大綱不僅節省時間，還能避免你因為追求完美而陷入「記錄太多、回頭忘記」的困境。記住一個關鍵，盡快找時間整理這些大綱。**先求有，再求好，是讓記錄真正有效的方法**。之後再以定期整理、分類的習慣，將大綱逐步細化，條列化記錄內容，加速未來搜尋資料的效率，保持靈活抓住核心，避免在細節中迷失。

7.3 有意識地蒐集生活元素

廣告需要創意，而創意來自於我們對生活的體驗。可是每天生活那麼忙碌，哪有那麼多美國時間去體驗豐富多彩的世界呢？大多數人的日常，不外乎是家裡、工作。工作、家裡兩點一線的循環。那麼這些創意，這些天馬行空的想法又該從何而來？從物理現象的邏輯來說，接觸越少，能汲取的靈感當然也越少，這是無法改變的事實。但也如同前幾章提到的邏輯，**生活中藏著無數頻繁的小細節，只要稍微停下來用心觀察，就能發現它們不一樣的面向**。像是每天走過的街道、不同時間的光線會帶來不同的氣氛，或是早晨的咖啡館裡，客人和店員之間的對話，背後透露出的心情和情感，都能成為靈感的來源。這些看似平凡的日常，都充滿了可供挖掘的故事和情感，用心體驗，創意就能從這些小細節中源源不斷地冒出來。與其等待那些非凡的靈感，不如養成從日常中有意識地去捕捉那些平凡卻富有層次的生活片段。

抬起頭，
大眾交通工具上的人生故事正在發生中

乘坐大眾交通工具時，我們很少留意到，**其實每天的乘客組成會隨著時間、站點，甚至天氣和時間段的變化有所不同。早晨的擁擠、午後的寧靜、下雨天的匆忙，這些細節往往被我們忽略了。**比方說繁忙的上班時段，車上坐滿了通勤的人，大家或是低頭工作，或是急著趕路。到了晚上，可能是一群剛結束一天活動的學生或是剛下班的上班族，因為一天的忙碌結束使得氣氛變得輕鬆了許多或是疲憊不堪。還有天氣的變化，晴天時窗外的景色燦爛多彩，雨天的車窗上掛滿了水珠，讓整個視野變得模糊卻也帶來一種別樣的情調。這些都是平凡中的不同面向。我們在上下班的途中，總是習慣滑著手機，但如果能稍微抬起頭，往周圍看一看，你會發現那些常見的景象，其實藏著許多不一樣的故事和情感。每個時間段、每個站點，每種不一樣的天氣裡，都有不同的人和情境等待我們去發現。

細微事物的有趣之處

不論你是通勤上下班、走路，或是以任何形式移動，每天都會經過無數的廣告文宣。下次不妨留心觀察，這些廣告是否因為所在的載體不同，針對目標人群做出客製化調整？哪些廣告針對不同的場所做了改變？效果如何？這些都是值得我們去注意的細節。像我自己就很喜歡觀察 QR Code 的使用方式。它有時會出現在一些不太合理的地方，比如公車的車側，當車子行駛時，沒有人能有機會掃描它；但如果它被放置在等車時的廣告版上，合理性就大大提升了。這種細微的差異，往往會直接影響廣告的實際效果。像 QR Code 這樣的擺置設計，看似平常，卻充滿了使用效率的邏輯。開始注意這些細節，會發現生活中的每個角落都蘊含著靈感。**廣告的魅力不僅在於大膽的創意，更在於如何在平凡中找到引人共鳴的切入點。**

我最愛的人物觀察

這是我最喜歡做的個人社會實驗，叫做「人物觀察」。做法很簡單，有點像是憑空編造一段故事。你可以在任何場所進行，不論是餐廳、公車、捷運車廂、馬路上，都可以偷偷觀察周圍的人，尤其是他們之間的互動。觀察他們是否在說悄悄話？是否一人在講話，另一人神情凝重？兩個人是否都很開心，或者心事重重？然後再基於這些觀察，為他們編造一個故事，他們正在討論待會要去哪玩？正在討論嚴肅的政治議題？感情世界出現了什麼問題？以上這些都可以是架空的故事。**這個方法的珍貴之處，不在於你編的故事是否真實，而在於透過這樣的練習，能夠快速在腦中形塑出一個消費者真實的形象。**而且最有趣的點，就是那個消費者就站在你前方兩公尺處。隨著觀察次數的累積，會發現自己的觀察力越來越敏銳，對人的情感、行為的判斷也越來越準確。

旅行是最好的老師

如果說通勤的觀察是十分，那麼旅行對於觀察的幫助就是一百分。因為當你旅行時，整個身心靈的狀態會完全不同，看到的東西和觀察到的細節也大相徑庭。平時通勤大多是在忙碌中度過，而旅行的目的往往是為了放鬆，在這種輕鬆的心態與行程下，你接收到的資訊會更自然，也更貼近人性。但同樣也有個溫馨提醒，**當你出去旅行休閒時，畢竟是放假，別太刻意或嚴肅地觀察，反而可以適時留意自己的心境和周圍環境的變化。這些細微的感受，不論是看到不同的文化、陌生的場景，還是感受到當地人與你互動的方式，都會讓你從中發現許多靈感和啟發。**如果你正計畫一次旅行，不妨藉此機會觀察周圍和內在的變化。不僅能幫助你放鬆身心，也會成為你在廣告、創意靈感蒐集中的一個關鍵時刻。好了，我剛剛給了你一個很好的理由。好好為自己安排一次旅行吧！

影劇是一群最會寫故事的人的產出物

這是個最偷懶，也是最迅速、便利的蒐集創意元素的方法。**廣告是一分鐘的戲劇，戲劇則是兩個小時的廣告。**每一部戲劇的誕生就像創意的產生，都需要經過許多人共同努力和合作，才能成為一個出色的作品。戲劇的時長通常以小時計算，這意味著它的聲光效果、情節張力和情感鋪陳，往往比廣告要來得更深入。廣告在短時間內要傳達出清晰有力的訊息，因此高度依賴視覺和聲音的衝擊力來快速吸引觀眾；影劇則有更多時間細膩地刻畫角色和故事，這讓它在聲光效果的處理上要求更高。例如一場戲可能需要花費大量時間透過音效和燈光，慢慢營造出情感的張力與氛圍，讓觀眾逐步沉浸其中。這種聲光的細緻調控與漸進式的鋪陳是廣告無法做到的，因為廣告的篇幅無法允許過長時間的呈現。現在的串流平台非常多元，看劇不再僅僅是娛樂或放鬆的方式。如果你想成為一名廣告人或創意人，看劇可以成為一種收集資料的絕佳途徑。每一部戲劇都是豐富的創意庫，讓這些不同的敘事手法、視覺表現、情感傳達，成為你廣告創作中借鏡的寶貴資源吧！

文字對於培養邏輯的幫助

在所有資訊的傳遞方式中，不可免俗的，我依然認為書本是最具邏輯性和深度的媒介。就像我正在撰寫的這本書，當你看到這些文字，若覺得行雲流水、邏輯通順、閱讀流暢，那其實是無數次修改與推敲的結果。這並不是要強調寫書的辛苦，而是說明要讓文字的邏輯通暢是件非常不容易的事。對於身為創意人的我們來說，掌握文字的運用和表達是不可或缺的基本功。**創意不僅來自天馬行空的想法，也來自如何用最恰當的語言表達那些想法。**要達成這樣的能力，閱讀書籍無疑是最佳途徑之一。找幾本你喜歡的書，隨手放在家中的各個角落，不論是隨意翻開兩頁，還是隨興瀏覽幾個段落，都能潛移默化地提升文字邏輯與表達能力。閱讀不僅增進創意思維的廣度，也能強化語言的精準性。隱含的邏輯架構、文體技巧，都是我們可以學習並運用於自己創作中的寶貴資源。讓閱讀成為生活的一部分，不僅是在享受文字之美，更是在為自己的創意之路奠定堅實的基礎。

Wawa 創意手札 31

創意並非一定要來自偉大的事物，也可從日常的細節中發現有趣之處。

在成為
創意人
之前

8.0

那些忍不住想說的叮嚀

前面我們用了七個章節，探索什麼是廣告與行銷的定義問題、引起消費者共鳴的重要、消費者洞察、創意發想工具、養成蒐集資料的習慣、運用人群學習、各類型的發想工具大集合、提案的心法和技巧，甚至是我失敗的慘痛經驗。也辛苦大家終於看到這最後一章了。本書的最後，我想跟大家說一些心底話。

雖然這本書的初衷是給想學習廣告與行銷的人看的一本細物指南，但也想衷心提醒一點。廣告只是三百六十行中的其中一行，喜歡或不喜歡其實不是那麼重要。喜歡很好，不喜歡也罷。**重點並不是「只有做廣告才能做廣告」，具備「創意的思維」才是我最想要跟大家說的。**

廣告與創意並非同一件事。廣告的核心是「解決問題」，創意則是「產生新穎的想法」。廣告這個繁瑣的職業雖然極度需要創意，但廣告並不是創意的全部。廣告的目的是有效傳遞訊息、提升品牌價值、達到商業目標，它更注重策略與結果。而創意可以說是一種思維，為各種問題、狀態、情境、心態和方法提供新鮮、有趣的解決途徑。**不論是否與商業相關。我都認為創意不該只是一種工作的職業技能，更是一種生活的態度與方式**。上一章提到的是如何藉由各種觀察提升個人的創意能力，那麼這個章節，也就是本書最後一章，請跟著我一起回歸初心，由內往外延伸，不論你想從事什麼樣的職業，都讓這些創意思維的能力助你一臂之力吧！

Wawa 創意手札 32

創意本身無法源源不絕，源源不絕的是蒐集創意的習慣。

8.1

成為創意人需要的五項軟硬實力

軟實力一：能屈能伸，你不會永遠是對的

創意之所以被稱為創意，正是因為它可能是新的想法或打破了既有框架。每個人都有自己的看法和價值觀，在創意的表達上難免會有差異，但這並不意味著誰對誰錯。遇到與自己不同的想法時，不妨多聆聽，多了解對方的立場，反而能讓自己的創意更完整。透過相互補充與調整，讓原本的構想變得更加多元。

軟實力二：換位思考不只是一句口號

創意很難信手捻來，碰壁是發想的常態，許多時候並非你缺乏創意，而是因為你所處的視角有限。換位思考不只是要求你具備與人共情的能力，也是藉由改變視角去發現事情的不同面向與更多元的可能。藉由更換思考邏輯去重新審視問題，往往會看到很不一樣的光景。

軟實力三：自信不是盲目地相信自己，而是善用過往的經驗

創意是一種價值觀的傳遞，既然是傳遞，就必然包含一定的說服成分。說服他人最重要的特質之一就是保持自信。然而自信並不是盲目地相信自己，而是基於充分的學習和準備。當你知道自己所表達的觀點是經過思考和經驗累積後得出

的，個人的自信就有了根基。這種來自經驗的底氣，讓你的表達更堅定，也能使你的創意在說服他人時顯得更加可靠和有說服力。

軟實力四：好奇心不會殺死一個創意，停止思考才會

創意不是埋著頭拚命去想，而是要先找到合適的問題，再去探索答案。有人說，好的問題本身就包含了一部分的答案。**持續保持好奇心的目的並不是為了累積無謂的知識，而是為了鍛鍊敏捷的思考能力。**當你對事物保持好奇，就能不斷從不同角度審視問題。時刻觀察市場上最新的話題和風向，不一定要追快，而是當需要用到時，已經具備良好的話題掌握度。奇怪的、好笑的、獵奇的、溫馨的、幽默的、古怪的、時事的、流行的、經典的。只要是判斷未來有機會運用，就一條都別放過。

軟實力五：適當的增強壓力的耐受度

過度的壓力會讓人焦慮和不安，但完全放鬆對能力的成長也未必是好事，尤其當我們正處於需要進步的階段。適度增強對壓力的耐受，不是為了變得無堅不摧，而是確保在遇到困難時不會一碰就倒。若壓力真的過大卻又無法改變，試著把眼光放遠一些，現在的工作不是要去感受那個壓力，而是試圖解決問題。

硬實力一：口條的順暢

口條訓練並非鍛鍊油嘴滑舌的話術攻擊，而是在敘述事情時，能夠用順暢的邏輯與對方做良好的溝通。口條的順暢，絕對需要多次練習，從公司內部的小會議開始，兩個人、三個人都好，掌握每次可以發言的機會，有意識地培養說話的技巧，一點一滴進化自己。

硬實力二：上下前後左右的溝通

除了對上和對下的溝通，身為創意人，也需要能與平行協力廠商間溝通順暢。不卑不亢，是溝通時很高的層次，也請記得一件事，所謂的工作溝通，並不是一味說出自己希望對方達到的目標，而是如何在對談中了解彼此的需求。吵架誰不會，但我們更需要的是情商。

硬實力三：市場是動態的，請隨時保持敏銳度

所有訊息都是以飛快的速度從四面八方襲來，創意人需要準確地看到時下流行以及可被任務使用的話題。各式平台都可以試著去接觸，試著在同溫層外也找到吸收靈感和知識的方法，盡量拓展自己的視野和獲取訊息的管道。

硬實力四：來，跟我走！有底氣大聲喊出的統整能力

對時間以及專案的掌握，可以說是創意的精髓所在，沒有在時間內完成的創意，縱使百年一遇，但很遺憾對任務來說就是零分。除了抓緊進度之外，更要培養隨時找到問題的敏銳度。找出問題十分重要，當計畫進行時，才能及早將問題識別出來，讓後續所有方向都在正確的象限中進行。

硬實力五：數字不只拿來考試，請務必培養數據思維

每一個創意的動作和計畫，都要賦予背後要達到的目標數字，而且要以這些數字作為整體執行計畫的測量標的。當數字偏離時，提早發現可能的原因，再

用數字的概念，一步一步讓計畫重新走上正軌，讓數據思維的概念貫穿創意的脈絡，維持創意整體的完整。

Wawa創意手札33

工作中不要一直專注在你的缺點，優點才是應該被放大的部分。

8.2

一起做個溫暖的創意人吧

約莫二十三年前，我進入了廣告這個行業，而且嚴格來說，廣告是我做過的唯一正職工作，前腳剛踏入，馬上就體驗到什麼是「廣告的洗禮」。第一，因為我是個超級菜鳥。第二，當時任職的公司人也不多，一個禮拜七天，在公司加班到天亮的次數可能就有三四天。而且最糾結的是，我當時還是個夜大的學生，所以我早上九點上班，六點下班後還要趕到學校，上課到晚上十點，緊接著再趕回公司繼續加班。為了應對長時間工作，我還自創了一個「睡袋生存法」，我會在公司放三個睡袋，一個當床墊、一個當枕頭，另外一個則是用來當棉被，這樣的日子持續了四年，直到畢業去當兵為止。

那段日子雖然艱苦，但也讓我打下了還算堅實的基礎。退伍後我進入了另外一家廣告公司，工作能力當然因為之前的累積而有顯著的提升，基本功也更扎實。但加班的次數依然沒有減少。咦？不對啊，照理來說功力和經驗增加，加班的次數應該會相對減少才正常，不是嗎？

原因並不是因為我接手的任務變得困難，而是因為我對自己作品的要求越來越高。以前可能在時限之前完成案子對我來說就算結束，但隨著自我成長，對作品的細節要求也越來越嚴苛，總想著要讓作品變得更好、更完整，加班的理由就從最初的「趕工」變成了「追求完美」，並試圖達到心中最理想的標準。也是因為這樣的自我要求，很實際地反應在加班時間上。（標準的自己搞死自己……）

也許正是因為我是從最基礎的設計工作開始入行，所以我自認為還滿適合當老師的，但原因可能跟大家想得不一樣，**「不是我夠強，而是因為我夠笨。」**很多錯誤我都犯過、該踩的坑、不該跳的洞也都沒少過，前面幾章的失敗經驗也證明了此點。所以我很清楚哪些地方容易出錯，或者哪些細節可以讓整體效果有所提升。

就在我與合夥人一同創立法樂數位這家廣告公司的第十六年，我開啟了「廣告自媒體」這條超級難走的路，難走的原因不僅僅是因為廣告這行本身就充滿了大大小小的挑戰，而且選擇在自媒體領域談廣告的人本來就不多，所以能借鏡的資源相對就更少，當然一定有強者前輩，但真的非常有限。這樣跌跌撞撞了三年多，目前也算小有成績。讓我最自豪的不是我所創作的任何內容，而是當有人在自媒體上詢問廣告或行銷相關問題時，很大的概率下，我都能用清楚易懂的方式為他解釋，直到對方完全理解為止。背後的原因跟我之前提到的一樣，因為我是從最基礎的工作做起，對於廣告中的各種困惑當然有更深切的體會，我知道大家的問題通常會出在哪裡，而且能把那些艱澀的廣告知識拉平，以一種更簡單的方式呈現。

能夠分享知識、解答問題，讓我的廣告自媒體之路，儘管艱辛卻也充滿意義

雖然從進廣告公司、開廣告公司，到創建廣告自媒體的過程很漫長也充滿了挑戰，但能在自己熱愛的廣告工作上幫到別人，對我來說也是一種意想不到的收穫。老實說，這並不是我一開始就計畫好的結果，但它確實帶給我更多的成就

感，讓我有動力繼續走下去。**這種能夠分享知識、解答問題的經歷，讓我的廣告自媒體之路，儘管艱辛，卻也充滿了意義。**之所以選擇在這本書的最後分享我的廣告之路，是因為我深知自己的分享能力有限。即使我擁有再多自媒體平台，做了再多努力，這些分享也無法幫助到每一個有可能喜歡廣告與行銷的人。所以希望藉由我這顆小石頭，丟進池塘激起一點點漣漪，讓能夠分享的人，成為願意主動分享的人。

廣告新人之所以辛苦，一開始是因為對工作內容的不熟悉，但更多時候是因為還不了解職場文化，以及尚未有社會化的心理準備。新人初來乍到，兩方面都需要努力，請前輩們無私地給予指導，也請後輩們盡快虛心地學起來。同事之間的氣氛融洽，是架構在雙方都在同一條線上，為同一個目標共同努力的展現。新人們請理解，除非身為主管職，否則沒有人有義務教會任何人。前輩們也請諒解，剛入職場只是經驗缺乏，並不代表工作能力的高低。

教學或學習，在職場中必定是雙向的。沒有良好的態度，不會有人願意教你任何東西；沒有願意教的心，也請相信我，不會有人真的對你的付出表達感激。**職場確實是一個大染缸，一定會需要為了這個環境，添上許多原本不屬於自己的**

顏色。但那又何妨，我的工作、我的生活、我的成長、我的學習、我的環境，若只有黑白，也未免太過單調。

僅將此書獻給所有在廣告職場中，願意把經驗傳承給新人的前輩們。也獻給目前還在掙扎，但有朝一日，自己也會成為可以有能力拉新人一把的新人們。

以上，這就是我的廣告故事，下一頁，換你了。

圓神出版事業機構 Eurasian Publishing Group
用心與你對話．視野無限寬廣
圓神出版社 Eurasian Press

www.booklife.com.tw　reader@mail.eurasian.com.tw

天際系列 29

創意細物指南：
行銷時代讓你脫穎而出的關鍵能力

作　　者／Wawa吳玉琥
發 行 人／簡志忠
出 版 者／圓神出版社有限公司
地　　址／臺北市南京東路四段50號6樓之1
電　　話／（02）2579-6600．2579-8800．2570-3939
傳　　真／（02）2579-0338．2577-3220．2570-3636
副 社 長／陳秋月
主　　編／賴真真
責任編輯／吳靜怡
專案企畫／尉遲佩文
校　　對／吳靜怡．尉遲佩文
美術編輯／蔡惠如
行銷企畫／陳禹伶．林雅雯
印務統籌／劉鳳剛．高榮祥
監　　印／高榮祥
排　　版／杜易蓉
經 銷 商／叩應股份有限公司
郵撥帳號／18707239
法律顧問／圓神出版事業機構法律顧問　蕭雄淋律師
印　　刷／祥峰印刷廠
2025年3月　初版

定價 350 元　ISBN 978-986-133-961-0

廣告與創意並非同一件事。廣告的核心是「解決問題」，
創意則是「產生新穎的想法」。
不論是否與商業相關。
我都認爲創意不該只是一種工作的職業技能，
更是一種生活的態度與方式。

——《創意細物指南：行銷時代讓你脫穎而出的關鍵能力》

國家圖書館出版品預行編目資料

創意細物指南：行銷時代讓你脫穎而出的關鍵能力 / Wawa吳玉琥 著. -- 初版. -- 臺北市：圓神出版社有限公司，2025.03

256 面；14.8×20.8公分 --（天際系列；29）

ISBN 978-986-133-961-0（平裝）

1.CST：創造力　2.CST：廣告案例

176.4　　113020735